锐评微言

一位大使的微信微博集萃

王嵎生 著

世界知识出版社

序言
preface

　　我自退休以来，一直继续从事国际形势与中国外交的研究和写作。这是我的至爱，也是我一生的荣幸。

　　我先后配合一些主流媒体和中国国际问题研究基金会主编了几套丛书，自己也出版了几本新书，如《大使、将军、学者把脉世界变局》《一个大使的成长与思考》《美国病与时代的变迁》《千万莫被忽悠了》等。

　　我与很多同辈朋友虽然现在已是高龄，但我们仍然努力与时俱进，逐步学会运用新媒体，如以微博和微信形式锐评天下事。

　　这本书的主体部分就是从我的微信和微博中筛选出来的。另外还有几篇我在外交工作中的一些亲身经历和体会的回忆录，希望以新的形式与读者朋友分享与交流。

王嵎生

2018 年 3 月

目录
Contents

第一部分

锐评时事

我们生活在什么时代，"三后"吗？

一、2016 年国际形势乱云飞渡，黑天鹅起飞——"乱""变""治"三特点息息相通

1. 谈到今年的国际形势，人们经常挂在嘴边上的一句话是：不确定因素太多。确实如此！但从"剪不断理还乱"的纷繁局势中，仍然可以看出三大让人关注的特点："乱""变""治"。这三者是息息相通、彼此关联着的。

"乱"，显然是 2016 年的普遍现象。从美国不断在南海搅局，甚至宣称要与中国对抗，到中东反恐上演"双城记"（真假反恐，美俄以及地区大国的微妙博弈）；难民危机日益严重，困扰欧洲，不堪重负；土耳其未遂政变引发了耐人寻味的冲击波，恐怖袭击频发，俄罗斯驻土耳其大使遭枪击身亡；西亚、北非和欧洲不断发生恐怖袭击事件；巴西总统罗塞夫和韩国总统朴槿惠先后被弹劾下台，弄得有点人心惶惶，好像要"烽烟四起"，全世界都不安宁。

人们不禁要问：为什么会这样？原因当然是多方面的，但关键是美国不愿实事求是、量力而行，没有胆量承认"世道变了"，不承认自己早已"力不从心",坚持要"继续领导世界100年","世界警察"的阴魂仍然在到处游荡。这是今年世界不安全和动乱的主要原因。

"变"与"求变"是2016年的主旋律。"变",一向都是绝对和普遍存在的,但今年似乎大不相同,"时代变迁"好像走到了一个"临界点"。"杜特尔特现象"和"特朗普现象",被誉为"两只黑天鹅"起飞,并非偶然,预示着时代的脚步正在向着"质变"方向走去。人们常说,"穷则思变"。那是说发展中国家要打"翻身仗"。现在,它们大多数翻身了,一部分迅速兴起了,可以说,"富也思变",它们要求更加公平合理的国际政治经济秩序,要求平等相待、互利共赢。实际上是"人心思大变",美国和某些西方国家过去的老一套现在行不通了。"变"是大势所趋。它涉及方方面面的根本利益,也涉及世界的和平与安定。从根本上说,涉及世界向何处去的大方向问题。

"治",反映了人心"思治",求稳定,谋发展,希望能有一个安定的世界,避免战乱。显然,"世道变了",人们都在思考和探寻如何应对,如何相处,如何妥协,不搞对抗。今年9月初G20的"杭州共识",主张要"同舟共济,合作共赢,共商、共建、共享",反对贸易和投资保护主义,坚持包容和互联互通,在很大程度上反映了这种愿望,迫切需要全球治理。

时代不同了,如今的这个世界,并不是美国一家的世界,也不是中美两家的世界,它是世界各国共同享有的世界。因此,必须合作治理,共商、共治、共享。这是一个是否顺应时代诉求的大问题。在这方面,尽管"乱云飞渡",但中国从容应对。中国有处事原则，有定力，有新时期的政策和策略，应该说已经准备好了。问题是，世界"老大"的美国呢，它准备好了吗？即将主政白宫的特朗普，他准备好了吗？但愿他能顺势而行，为美国也为世界带来"福音"，而不是相反。否则，2017年将是更加不安定的一年。

（2016年12月21日）

2. 马上我们就要进入2017年了。新的一年，人们情不自禁要回顾2016年是怎么走过来的。有些朋友在思考，要如何在新的一年里更加奋勇前进，更加有所作为。我们年纪大的，也在思考继续"老骥伏枥"，在国际形势与中国外交方面，发出"老马"更加动听的声音。

在时代变迁的"乱""变""治"三大特点不断显现的过程中，我们这些"老马"千万不能迷途，或者误入歧途，而要保持清醒的头脑，力争做到"老马识途"，这是我们老一辈外交官的主观愿望，杨成绪和我不久前发表了第四个年度的"十大国际新闻"，希望晚年还能继续做下去，直到实现第一个中国梦。

（2016年12月31日）

二、普京的风度和奥巴马的"告别演出"

普京决定不以驱逐美国驻俄外交官作为对美国驱逐35名俄罗斯外交官的回应。普京说，俄罗斯不会给美国外交官出难题，不会驱逐任何美国外交官，也不会禁止他们和家人去新年常去的几处度假场所度假。他还邀请美国驻俄外交官子女去克里姆林宫过新年和东正教圣诞节。

奥巴马的"告别演出"有两个"大礼包"（烫手山芋），一个是给特朗普的，一个是给普京的。普京如果意气用事，以牙还牙，则正中奸计，不利于特朗普上台后俄美关系的重启和改善，那就上当了。可普京是战略家。至于特朗普如何应对，尚有待观察。

（2016 年 12 月 31 日）

三、"杜特尔特现象"和"美国因素"

1. 杜特尔特上台 100 多天来，关于菲律宾的对外关系说了很多话，其中涉及菲美关系，批评和指责美国的言论特别多。近来，更是强调要取消菲美军演，停止联合巡航，摆脱对美国的"过度依赖"；不赞成与中国搞对抗，主张相关矛盾"软着陆"，同中国和俄罗斯搞"贸易同盟"，等等。这类言论几乎每天都有，国内外媒体有大量报道，毋庸赘言。

对杜特尔特的一系列言行，美日舆论导向十分明显，就是着重宣传：杜特尔特这个人"不靠谱"，讲话没轻没重，是"无定向导弹"，变来变去，也是像美国特朗普那样的"大嘴巴"。这如果不是蓄意歪曲，起码也是对这位总统的误读和大不敬。

其实，杜特尔特讲话有轻有重，是人们普遍认同的"定向导弹"。他是菲律宾的爱国者，外交大方向应该说还是比较明确的：他要奉行独立自主外交，他并不反美，但不喜欢美国干涉其内政，对菲指手画脚，更不愿充当美国的"马前卒"，被玩弄于股掌之上；对中菲关系，他不愿搞对抗，希望"软着陆"（直接对话，和平解决分歧），发展友好合作关系。他反贩毒也是认真的、动真格的。

他有时话说过了头，立即表示歉意，也是好样的！

这一切意味着什么？有人说，这是"杜特尔特现象"，看来是说到点子上了。"杜特尔特现象"看似偶然，在一定程度上，实属必然，是美国"绝不做老二"政策和"老大作风"催生的，也是"时代变迁"的产物，而且不是孤立现象。看看近来在土耳其发生的事情，再看看在沙特阿拉伯发生的事情，以及美国同这些国家关系的微妙变化，大体也就比较清楚了。美国《纽约时报》10月10日的一篇报道说得不无道理：菲律宾外交政策出现了真实而且可能是历史性的变化。美国《华盛顿邮报》近日也评论称，菲律宾的杜特尔特对美国构成"严重且无法预料的挑战"。澳大利亚一位学者觉得，亚洲国家在中美之间现在感到"很纠结"，也建议美国要吸取"杜特尔特现象"的教训。

"杜特尔特现象"，一般都被认为是"逆"美国的战略诉求，不符合美国的"心态"，是美国难以容忍的。但美国这次的表现似乎比较"聪明"，没有与杜特尔特对着干，而是谨慎行事，"冷处理"，一直在说美菲同盟关系"牢固"，等等。这"葫芦里究竟卖的是什么药"，只有美国心里清楚。有传说，美国可能要策划军事政变，或暗杀杜特尔特。杜特尔特对此似乎也有所准备。希望美国不至于继续"傻下去"，而仅仅是根据历史上旧案例的"误传"。

杜特尔特对中国进行国事访问，是中菲关系的大事，有利于中菲关系恢复友好常态，而且继续携手前行，让两国关系更上一层楼，让有关矛盾"软着陆"，逐步解决。至于菲律宾同日本的关系，日本和美国有人替中国"忧虑"，其实大可不必。中国非

"老大"，也不屑于做什么"老大"，菲律宾同任何国家发展关系，只要是正常的，中国都会乐见其成。中国一向主张平等互利，合作共赢，尊重多样文明，谋求共同发展，各国有权根据自己的国情，选择自己的外交和发展道路，对周边邻国尤其如此。

（2016 年 10 月 15 日）

2. 杜特尔特总统访问日本没能让美日如愿以偿，美日有点按捺不住了。如果说前一阶段还"比较客气"，说一些冠冕堂皇的话，"支持"菲律宾改善对华关系，现在则一面施压，一面歪曲他的言论，丑化他的形象，甚至攻击他是"投机分子""流氓总统"等，不一而足。中国个别专家，请注意，别跟着瞎嚷嚷。

（2016 年 10 月 30 日）

3. "黑天鹅"是猴年的"特产"。现在人们普遍都在关注特朗普"黑天鹅"的飞向，也大谈英国脱欧影响，似乎有意无意在淡化菲律宾的"黑天鹅"。其实，"黑天鹅"杜特尔特很值得关注和称颂，它的飞向顺应时代诉求，反映了新兴经济体的强烈愿望，有利于世界和平、稳定与合作。特朗普究竟会飞向何方？不逆飞就好。

（2017 年 2 月 1 日）

四、日本的"小九九"和菲律宾的"大九九"

1. 此"大嘴巴"非彼"大嘴巴"也。美国媒体喜欢把菲律宾总统杜特尔特比作特朗普，说他也是"大嘴巴"。错了！杜特尔特是性情中人，他自有分寸，有原则。他近来一直强调：菲律宾奉行独立外交政策，不是唯唯诺诺的小国，不是殖民地；不愿与中国对抗，愿意谈判。美国不高兴了，但杜特尔特绝不是菲律宾的特朗普。

（2016 年 9 月 19 日）

2. 杜特尔特用粗话批评奥巴马，当然不对。但他一旦意识到了，就表示了歉意。这不好吗？他是好样的，在反对美国对菲律宾指手画脚、坚持独立外交方面，他没有表示遗憾和退让。就这一点，菲律宾人民选他做总统，选对了。

（2016 年 9 月 20 日）

3. 美日一些媒体常宣传，菲律宾总统杜特尔特讲话没轻没重，变来变去，"大嘴巴"。这如果不是误读他，就是蓄意歪曲。其实，他有轻有重，是爱国者；他并不反美，但不喜欢美国对菲指手画脚；对中菲关系不愿搞对抗，希望"软着陆"。他反贩毒也是认真的、动真格的。他有时话说过了头，立即表示歉意，好样的！

（2016 年 10 月 5 日）

4. 我前一天的微博说，菲律宾总统杜特尔特"并不反美"，但不喜欢美国对菲指手画脚。后来我推敲，觉得原来是想说"并非反美"，可能更贴切。"并不反美"和"并非反美" 意思是不一样的。想了很久，觉得还是改回来好：杜特尔特并非反美，但不喜欢美国对菲指手画脚。杜特尔特的外交动向现在成了美国的一块心病。

（2016 年 10 月 6 日）

5. 这下美国的心病更重了，也很尴尬。据报道，菲律宾外交部部长亚赛于 10 月 6 日发表声明，强调菲政府将摆脱对美国依赖，追寻独立的外交政策。声明说，由于美让菲失望，菲总统杜特尔特不得不对外交政策进行调整，追寻国家利益的独立外交之路。

（2016 年 10 月 7 日）

6. 菲律宾总统杜特尔特 10 月 18 日将对中国进行国事访问。我写了一篇《"杜特尔特现象"和"美国因素"》。点击率还比较高。有的网友说，为了发展中菲贸易，他今后每天要多吃一根香蕉。话虽有点调侃，但还是反映了中国老百姓的一定心态。试想，如果每个中国人一天多吃一根香蕉，中国这个香蕉市场对菲律宾来说，该有多大啊！

（2016 年 10 月 17 日）

7. 菲律宾总统杜特尔特对中国进行国事访问，作为中国公民和在 APEC 期间多次去过菲律宾的中国外交人员，我感到很是高兴。晨起，我写了一副"打油对联"：上联"软着陆"和平对话；下联"硬合作"互利共赢。横联"顺民心逆美意"。美国媒体说，杜特尔特"弃美投中"，这是不符合实际的；说他是"无定向导弹"更是歪曲。

（2016 年 10 月 19 日）

8. 日本媒体称，现在如何安抚菲律宾总统杜特尔特将考验日本的"智慧战略"。其实，这不是"智慧战略"问题，而是日本"智慧选择"的问题：是准备逆时代潮流，继续与中国搞对抗，还是顺时代潮流，与中国改善关系，发展合作？日本如果是真心要帮助菲律宾发展，中国会乐见其成；反之，则"不识时务"。

（2016 年 10 月 24 日）

9. 日本太小看杜特尔特了。杜打的是菲律宾的"大九九"。他奉行"菲律宾优先"政策；不愿被人玩弄于股掌之上（用他回敬日本右翼的"粗话"来说，就是不愿做美国的"狗"）；他要奉行独立自主和一定程度的平衡外交；他不愿与中国对抗，主张和平对话解决问题；主张大力发展国际经贸合作，促进本国经济。

（2016 年 10 月 26 日）

10. 由于菲律宾前总统阿基诺三世背叛中菲友好，甘心充当美国"马前卒"，有些国人对杜特尔特也有些警惕和微词，认为他是在忽悠中国，这完全可以理解。近来，日美媒体也在宣传他是"大嘴巴""小九九""无定向导弹"。其实，杜特尔特执政理念很明确，基本方向有套路，同阿基诺三世全然不是"同路人"。

（2016 年 10 月 26 日）

五、徐娘"何须怨杨柳"，春风"已度玉门关"
——"金砖"将持续发光，顺势前行

"金砖国家"第八次峰会即将在印度果阿举行。2016 年的

国际形势比前一年相对要复杂一些，全球经济增长乏力，贸易和投资保护主义抬头；国际和平与稳定面临诸多挑战，恐怖主义泛滥；"金砖国家"经济发展也遭遇一些新的暂时困难，国际上"唱衰金砖"的宣传也不消停。但"金砖国家"领导人信心满满。他们于2016年9月在杭州G20峰会前郑重声明："金砖国家"经济增长的前景和动力依旧，将继续作为全球经济增长的重要引擎。

"金砖国家"是随着时代变迁进程应运而生的新生力量，它团结和代表着大面积新兴的发展中国家。目前，在G20平台上，它是与G7对话的主要方。在G20杭州峰会期间，今年的"金砖国家"东道主印度总理莫迪主持召开了"金砖国家"领导人非正式会议。会后发表的"媒体声明"基本精神和主要诉求，都在G20"杭州共识"中得到很大程度的反映，其中引人注目的有：对全球贸易下滑背景下的保护主义抬头表示担忧，强调世界贸易组织作为以规则为基础、开放、透明、非歧视、包容的多边贸易体制基石的中心地位；鼓励二十国集团成员加强宏观经济政策协调，推动创新，促进强劲和可持续的贸易投资增长；强调国际货币基金组织份额没有反映当前的全球经济状况，希望二十国集团成员与国际货币基金组织共同努力，增加国际货币基金组织的份额资源，确保其公平反映新兴市场经济体和发展中国家的地位；重申将致力于落实2030年可持续发展议程，包括加强"金砖国家"在这一领域的合作；重申坚决打击各种形式的恐怖主义，呼吁联合国发挥中心作用等。

"杭州共识"来之不易。它既是G20智慧的结晶，也是发达国家与发展中国家彼此关照各方利益的结果，但G20"杭州共识"目前还是一个重大的全球治理的"政治宣言"，有待付诸实施。"金砖国家"作为全球治理的主要一方，它渴望国际和平与稳定，渴望有一个好的国际环境，要求更加公平合理的国际秩序和发言权，反对一切霸道行为，反对一切形式的恐怖主义。印度是"金砖国家"杭州"媒体声明"的主持国，预期会顺乎自然，不负众望，努力推动果阿峰会身体力行，为落实G20"杭州共识"从战略上和行动上同与会领导人达成共识，而且，可能提出更高、更符合发展中国家利益的诉求。

近来，唱衰"金砖国家"的噪音又起，而且挑拨离间不择手段。但金子总是要发光的。"金砖国家"的发展壮大，是时代的需要，势不可当。它们遇到一些困难，在所难免（发达国家在发展过程中，遇到的曲折难道还少吗？），但它们一定会"进一步加强战略伙伴关系"，迎接挑战，携手前行。

"金砖国家"具有强大的生命力，既有共性，也有特性。早在2008年5月，"金砖四国"（南非2011年加入）外交部长首次会议发表的"联合公报"就开门见山地强调，"四国开展对话系基于相互尊重、相互信任和共同利益，对解决全球发展领域的紧迫问题有着相同或相近的看法，对话的前景广阔"。这是"金砖国家"组合的政治基础，它们有着五大闪光的共同特征：

第一，它们都是兴起的大国或相对大国，发展速度快，潜力大，而且不同程度上都有着可持续性。在全球外汇存底中，"金砖国家"持有3万多亿美元，占四成之多，在国际金融领域举足轻重。它们基本都是率先摆脱金融危机的。

第二，它们都坚持自己的民族传统和国家特性，自主选择发展模式和道路，没有简单地接受什么"华盛顿共识"或者其他什么"共识"。

第三,它们都希望和要求建立更加公平、公正和合理的国际经济和政治秩序,主张相互尊重和帮助弱势群体。它们的组合已为形成一个新的大国合唱的多极世界创造了条件。

第四,它们都希望和寻求和平的国际环境,主张国际关系民主化和平等化,不赞成旧有的冷战思维和对抗政策。

第五,它们社会制度不同,意识形态各异,但它们共同的战略目标是要建立一个"更加民主和公正的多极世界",支持联合国的中心地位和作用。中俄是联合国安理会常任理事国,印度、巴西和南非也一直在联合国和国际上积极发挥"正能量"作用,国际地位和影响正在进一步提高。

这些特点都是当今世界其他组合所没有的。它们的国际影响和作用,也是现在 G7 望尘莫及的。徐娘"何须怨杨柳",春风"已度玉门关"。

(2016 年 10 月 8 日)

六、"一带一路"与时代变迁

"一带一路"国际合作高层论坛即将在北京召开。各种迹象表明,这次会议将高朋满座,政要云集,纵论时代变迁新形势下的国际合作和发展方向,以及新思路、新理念。

这是一次不同寻常的高层论坛,说其是"划时代的",具有历史意义,毫不夸张。

时代变迁的量变进程一直在加速发展,国际力量对比正在发生历史性变化。今年慕尼黑国际安全会议把"后真相、后西方、后秩序"（简称"三后"）作为主要议题，显然具有标志性，说明"时代变迁"已发展到了一个"节点"，接近质变了。由于中国和发展中国家大面积兴起，以及它们对世界影响的不断扩大，目前，西方老牌发达国家"传统政治正确"那一套价值观已经越来越不灵了，西方主宰一切的时代已成过去（从坎昆会议到 G20峰会的实践表明，现在已进入以 G7 与"金五"为主要代表的、发达国家同新兴经济体国家对话和磋商的平台）；现有国际秩序也不得不改一改了，需要更加公正、合理。中国"一带一路"战略正是在这一大环境下应运而生的，它既是中国国力迅速发展的客观反映，也是时代变迁的实际诉求。

时代变迁呼唤全球治理，全球治理需要新的思维和理念。换句话说，也就是治病需要良方，而中国关于"合作共赢""新型大国关系""人类命运共同体"以及"新安全观"和"义利观"等理念，正好为全球治理提供了中国方案。"杭州共识"反映了中国方案和 G20 的"合作智慧"。中国"一带一路"倡议先于"杭州共识"，又是它战略方面的重要体现，现在已在国际上得到广泛认同与热烈欢迎，正在有计划、有步骤、有重点地落实和推进。可以预见，这次高层论坛后，它将插上新的翅膀在全球飞翔，为全球治理服务，为推动互联互通服务，为落实联合国 2030 年可持续发展议程、消除贫困、实现共赢发展而做出必要的贡献。

有人把中国的"一带一路"与当年美国搞的"马歇尔计划"相提并论。这显然是缺乏时代感。时代不同了，思路、理念和战略目标大不相同。中国的发展，得益于国际社会，特别是广大发展中国家。中国不会忘记自己是怎么走过来的，一定会本着新的理念，在"共商、共建、共享"基础上，负起一个大国应有的担当。

有人说，这次高层论坛，G7领导人来者寥寥，是"美中不足"。这没关系，无损于会议的光彩。这次会议本来就不是为它们而开的。它们来，当然欢迎，多来更好，派高级别代表来也行。发达国家与新兴经济体合作，是唯一正确的选择，也是全球治理的需要。来日方长，我们期待新型国际关系的早日到来，并惠及世界。

新的历史篇章，希望从此开始。

（2017年5月4日）

七、G20的"药方"和东道主的"药引"
——"同舟共济"合作必需"良方"和"药引"

2016年9月初，G20峰会在中国杭州召开，举世瞩目。

G20是全球经济合作的重要平台。在国际形势十分复杂多变、经济复苏乏力的新形势下，一年一度的G20峰会能否冲破险阻，顾全大局，引领全球治理，向着正确方向稳步前进？中国作为最大的发展中国家和东道主，如何发挥"负责任大国"的作用？能否不负众望？人们也都在翘首以望。

今年峰会的主旨，或者说合作的前提和基础，已达成共识，那就是"同舟共济的伙伴精神"。主要议题也十分明确，简单说来就八个字——创新、活力、联动、包容。稍稍具体一点就是：一要"创新增长方式"；二要"更高效的全球经济金融治理"，完善全球经济金融改革，增强发展中国家的代表性和发言权，提高世界经济抗风险的能力；三要推动"强劲的国际贸易和投资"，促进国际贸易和投资，发挥其对增长的推动作用；四要"包容和联动式发展"，力求落实 2030 年可持续发展议程，消除贫困，实现共赢发展。经过几次协调人会议，以及密切的相互磋商，这些都已取得了与会国家的广泛共识，预计杭州峰会将会不辱使命，向全世界交一份比较满意的答卷。中国也会当好东道主，努力贡献"中国智慧"，发挥中国传承文化的影响（是有效"药方"不可或缺的"药引"）。

G20 要真正发挥引领全球治理的作用，必须从大局出发，"对症下药"。

第一，必须认清和读懂我们现在生活的时代。如今，时代变迁的量变进程正在加速发展，国际力量对比正在发生历史性变化。这是不以人们主观意志为转移的。G20 正是在这一大背景下应运而生的，近十年来的运作和发展充分表明，它既不是 G7 的扩大，也不是"金砖五国"的延伸，它是以 G7 与"金五"为主要代表的、发达国家同新兴经济体国家对话和磋商的平台。因此，必须相互关照彼此合理的核心利益，特别是发展中国家的诉求，"同舟共济"，寻求最大限度的"合作共赢"，而不能"同舟共挤"，更不能把它视为自己的"家天下"，单方面"指点江山"，以邻为壑。

第二，必须对"经济全球化"及其相关诉求有一个最大公约数的共识。经济全球化是人类社会发展和进步的必然趋势，也是不以人们主观意志为转移的。由于高科技特别是信息技术的发展，世界"变小了"，正在成为网络社会和地球村；人与人之间、国与国之间的距离大大缩短了，相互联系更紧、相互依存更深了；共同利益的汇合点正在拓宽，在诸多经济领域，出现了"你中有我，我中有你"的局面。因此，"经济全球化"呼唤加强合作，要求贸易和投资自由化，要求比较公平的国民待遇和合理的资源分配，要求建立和遵循共同的游戏规则，等等。这是不可避免的，也是不可逆转的。

诚然，由于"经济全球化"的实践，中国和很多新兴经济体获益颇多，但美国和其他发达国家也受益匪浅。美国原来是最积极的推手，但它只顾自己的商品和资本"无障碍流通"，不顾别国的实际情况和承受能力，实际上是极力推行"美国版"的"新自由主义经济"，利用"经济全球化"推行美国所谓的"全球经济一体化"。所谓"华盛顿共识"，就是美国一手炮制的代表作。结果坑了很多国家。这并不是"经济全球化"的错，而是美国政策把它扭曲了。现在美国有的总统候选人把美国近些年来经济不景气和失业归咎于"经济全球化"，甚至指责中国"抢了"美国人的饭碗，企图搞贸易和投资保护主义，显然是不合适的，也是行不通的。G20要引领全球治理，除了努力创新发展和金融改革外，还必须全面、大力奉行"强劲的国际贸易和投资"自由化和便利化，促进国际贸易和投资发挥其对增长的推动作用。在这方面，中国的"一带一路"战略，就是新时期"经济全球化"和"全球治理药方"的"药引"。中国的"一带一路"战略，可以说是"中国版"，是"经济全球化"的重要组成部分。它"顺应时代潮流"，主张平等互利、合作共赢，主张共商、共建、共享，扶助弱势群体，力求尽快落实2030年可持续发展议程，消除贫困。这正是G20全球治理所需要的"对症下药"的一部分"药引"。

第三，需要在广泛共识基础上，着力改革国际金融组织，使之更加公平公正，更具有代表性。同时，逐步建立共同遵守的游戏规则，如制定一视同仁、不带政治偏见的"市场经济国家"标准，避免竞争性货币贬值，反对贸易与投资保护主义，加强反恐、反腐合作，等等。家有家规，国有国法。APEC 就有一个"APEC 方式"，被称为它生存和发展的"灵魂"。G20 似乎也需要有一个某种"方式"，以便有效运作。

第四，需要强调的是，中国作为东道主，定会最大限度地努力把握 G20 发展大方向，协调各方立场和不同诉求，以求共同引领 G20 朝着人类期盼的美好未来前进。今年是中国十三五计划开局之年，也是"亚投行"和"一带一路"倡议起始和运作之年。这无疑将对 G20 杭州峰会做出应有的贡献，同时也有助于中国从 G20 吸取营养。目前，中国外交正在传承的基础上创新发展。中国关于"合作共赢""新型大国关系""人类命运共同体"以及"新安全观"和"义利观"等的理念和智慧，也定将为 G20 构建"同舟共济的伙伴精神"和发展方向做出积极贡献。

专家学者在评论 G20 成果时，一般都强调"中国药方（方案）"。这并不确切。习近平说，中国方案是在"广纳良言"和"充分听取各方意见"后形成的。因此，所说的全球治理方案（药方），既是中国的，也是 G20 的，深信随着实践，这个方案定然会是世界的。所说的"中国智慧"实际上也是 G20 的"智慧结晶"。

G20 杭州峰会在"杭州共识"之声下落下了帷幕。我与有关媒体也多少松了口气。从 9 月 10 日开始，我参与新书《大使、将军和学者把脉世界变局》的编辑工作，以期早日出版，与读者见面，分享对当前国际形势特点和中国外交的看法。

这次 G20 峰会成果丰实，涉及面很广，说来话长。但从宏观上看，"杭州共识"大体可概括为：同舟共济，合作共赢的伙伴关系，共商、共建、共享。一是要创新发展，科技驱动和绿色经济；二是要强劲的贸易与投资自由化和便利化，反对保护主义和以邻为壑；三是要努力实现联合国 2030 年可持续发展计划，扶助弱势群体，帮助广大发展中国家更快发展；四是要转型，从头痛医头应对危机到标本兼治、对症下药，实现全球治理；五是要进一步实现金融体制改革，使之更加公平合理。总之，它具有里程碑意义，引领 G20 发展方向；要实际行动，做弄潮儿。

我们也有过"上海精神"。若干年前，上海合作组织达成一致，概括起来就这 20 个字："尊重多样文明，谋求共同发展，互信、互利、平等、协商。"因为是"诞生"在上海，人们称之为"上海精神"。"上海精神"PK 冷战思维，它即是中国的，也是"上合组织"的，它顺应时代潮流，影响深远。

这次 G20 最宝贵的精神，也是人们比较普遍认同与欢迎的是"同舟共济，合作共赢，共商、共建、共享"这 16 个字。因为是"诞生"在杭州，我把它称为"杭州精神"。这种"杭州精神"，既是中国的，也是 G20 的，它 PK "独善其身和以邻为壑"，具有世界影响，顺应时代潮流。

G20 最宝贵的精神是"同舟共济，合作共赢"。习近平同志祝酒词的关键词是"桥"，它把历史和现在联系了起来，把世界同中国联系了起来。这是一篇散文诗，情深意长。

（2016 年 8—9 月）

八、经济全球化和 TPP 等问题点评

1."经济全球化"与"全球经济一体化"并非一回事。美国原来是"经济全球化"最积极的推手，但它只顾自己的商品和资本"无障碍流通"，让其他国家成为"不设防"的对象，极力推行美国的"新自由主义经济"，利用"经济全球化"推行美国所谓的"全球经济一体化"，追求美国最大利益，不顾别国的死活。

APEC 一位拉美国家高官对我说，美国为他们定做了不少衣服，可惜一件也不合身。中国等发展中国家不同程度上都得益于"经济全球化"，但得益最多最大的还是美国大财团。如果说有人"抢了"美国人饭碗的话，那首先是美国老板。美国社会的分裂是美国自己的因素造成的。

"经济全球化"呼唤加强合作，要求贸易投资自由化和便利化，要求比较公平的国民待遇和合理的资源分配。这是新时期世界发展的大势，是不以人们主观意志为转移的客观规律。谁要违背这一规律，逆潮流而上，到头来即使不被碰得头破血流，至少也要自食恶果，"资本"也是不会答应的。

（2017 年 1 月 14 日）

2.特朗普已宣布退出 TPP，宣布奥巴马亚太战略再平衡政策已经结束，但他并未表明新的亚太政策，主要原因是继续对中国试探摸底，图谋美国利益最大化，要中国"让利"。中国一向尊重美国的利益和态度，但美国也必须尊重中国的利益和态度。让利是相互的，中国绝不会"朝贡"。只有互惠、合作共赢，才是出路。

（2017 年 3 月 17 日）

九、"明日黄花"和"昨日黄花"

近来，有几位电视节目主持人一再说，奥巴马很快就是"昨日黄花"了。"明日黄花"是成语。中国古代习俗，重阳节是赏菊的日子。一过重阳，菊花即便盛开也会乏人问津，成了过时的东西了；因此，用"明日黄花"来比喻过时的事物。因此，奥巴马很快就将是"明日黄花"了。

美日一直想在亚太拼凑亚洲小北约，但始终不受欢迎。我曾有针对性地撰文指出："明日黄花不再香"。记得有个别编辑曾问我为什么不是"昨日黄花"？我把"明日黄花"成语告诉了他。他很快就明白了。我趁此机会温馨提醒忙碌中的媒体朋友：争取时间，学点古典文学。我一生就是边工作边学习，现在也是如此。

（2017年1月9日）

十、人民币"入篮"IMF的"划时代意义"

2016年10月1日起，人民币将成为国际货币基金组织（IMF）特别提款权（SDR）新认定的可自由使用货币，与美元、欧元、日元和英镑一道构成SDR新的货币"篮子"。这个新"篮子"货币的权重将调整为：美元占41.73%，欧元占30.93%，人民币占10.92%，日元占8.33%，英镑占8.09%。

这是2016年全世界的一件大事，具有里程碑意义。这是时代变迁量变进程加速发展和国际力量对比发生历史性变化的反映。SDR是IMF于1969年创设的一种国际储备资产，用以弥补成员国官方储备不足，也可用于政府间的结算，或向其他成员国换取外汇。

近50年来，一直是发达国家货币在"篮子"里，发展中国家全然处于被动地位。现在中国"入蓝"了，带了个头，实际上增加了发展中国家的话语权和影响。但现在这"篮子"里还是"1 对 4"，美国还掌握着一票否决权，"量变进程"加速了，还没达到"质变"程度。

但时代潮流浩浩荡荡，不可阻挡，中国"入蓝"就是重要标志，"具有划时代意义"，"质变"终究是要发生的。个别不赞成或反对的国家，也无可奈何。这是不以人们主观意志为转移的。

人民币"入篮"，有利于提高 IMF 的代表性和威望，有助于提高 SDR 作为储备资产的吸引力和稳定性，有利于国际金融体系的进一步改革。同时，也体现了"金砖国家"关于"应建立一个稳定的、可预期的、更加多元化的国际货币体系"的诉求。

IMF 和世界银行成立以来，在国际上发挥了积极作用，但显然也有一些不公正和不够公正的制度，如份额分配和话语权，以及总裁和行长必须是欧洲人和美国人等。改革势在必行，从中国"入蓝"开始，我想，会逐步推进的。

人民币"入蓝"是中国综合国力迅速提高以及改革开放顺乎自然的结果，是国际上对中国成就的认可。"入蓝"后，人民币国际化进程势必加速，有利于中国发展和"中国梦"的实现。可以预见，人民币将逐步成为国际储备货币、直接投资货币和贸易结算货币。

联系"亚投行"的运作，中国在国际金融领域将会更有作为，不仅惠及中国民众，也将尽力惠及世界，特别是发展中国家。当然，"入蓝"并非是"万事大吉"。个别不喜欢人民币"入蓝"的国家，可能会想方设法制造困难，甚至使"阴招"，我们不能不防，要做必要准备。

（2016 年 9 月 30 日）

微评特朗普和美国

一、特朗普入主白宫与时代变迁

1. 特朗普这只"黑天鹅"向何处飞，怎么飞，途经何处，人们正拭目以待。根据某些现象，现在就说他"孤立无援"，或说他已"回归传统"，像一个"建制派"心目中的"总统范儿"，未免轻断。我对他还是比较"谨慎乐观"的。之所以"乐观"，是大势观察和良好愿望；"谨慎"，是因为确有诸多不确定因素。但愿这只黑天鹅能顺应时代诉求而飞，勿逆向。

（2017 年 2 月 21 日）

2. 看这只"黑天鹅"的飞向，一是要观察特朗普如何实现他"让美国再伟大"的竞选诺言：是否要继续做"世界警察"，玩弄霸权，奉行"排他性安全"。二是要看他如何对待"全球化"问题，是否只是追求美国利益优先和利益最大化。三是要看他如何妥善处理乃至改善美俄、美中关系，这很重要。

（2017 年 2 月 22 日）

3. 总之，要看他是否能"认同"（至少是"认知"）今年慕尼黑安全会议提出的主题思想：（我们时代的）"后真相、后西方、后秩序"意味着什么，美国何以自处？如何看待中国这样的新兴经济体的迅速发展？是否绝不允许任何国家可能与美国"平起平坐"？

（2017 年 2 月 22 日）

4. 美国媒体关于特朗普主政 100 天支持率的报道，固然有参考价值，但我们也不能轻信，更不能迷信。否则，特朗普在所谓支持率较低的情况下当选，岂不是天大的笑话 ?! 美国和日本的一些所谓"民调"，往往出于对立势力的政治需要，"诱导"甚至误导舆论。因此，多一个心眼还是有必要的。

（2017 年 2 月 23 日）

5. 近来关于特朗普的评论可谓海量，但主要倾向基本上还是建制派精英观点及其影响的延伸，似乎少了点"乱、变、治"互动的时代气息。其实，特朗普就是特朗普。他既不是小布什和里根，也不是克林顿，更不是奥巴马。他是时代变迁量变进程加速发展和"美国霸权"衰落到一个新节点的必然产物，具有一定标志性和代表性。

（2017 年 2 月 25 日）

6. 有朋友说，我微信中关于特朗普的点评好像是在为他"辩护"。这些意见很中肯。其实，我无意于为他辩护，我只是觉得，我们应该实事求是、客观地评估他。美国有的媒体列举他百天来"所有错误言论"，不提任何正面言论，我不以为然。这是美国"精英"

分子作风。特朗普关于中美关系就有不少正面的言论和可取之处，并非像某些人说的那样："一句好话也没有。"

（2017 年 2 月 25 日）

7. 特朗普与一些主流媒体的矛盾正在发展、加剧。美国媒体一般都在宣传特朗普独断专行与新闻自由的矛盾。其实不然。对特朗普，人们仍在冷静观察，但可以肯定的是，那些"主流媒体"绝不姓"D"（民主），也不姓"F"（新闻自由），它们姓什么？大概是姓"政治正确"和"建制派"吧！且看它们如何厮杀。

（2017 年 2 月 27 日）

8. 特朗普 2 月 28 日在国会发表讲话后，CNN 等美国主流媒体评论说，这是特朗普"最像总统的一次讲话"，改变了标新立异和随便说话的作风。总体反映比较正面，但似乎仍沉迷于建制派"政治正确"的视角，没从时代变迁，以及慕尼黑国际安全会议"后真相、后西方、后秩序"的主题思想去观察。特朗普大概不会飞向他们指望的方向。

（2017 年 3 月 2 日）

9. 说特朗普大概不会飞向建制派"政治正确"指望的方向，并非说他一定会飞向时代诉求的方向，他也可能逆向而飞。不确定因素还很多，建制派同他的博弈在持续发酵，霸权永续和冷战思维的幽灵仍在徘徊，军火商逐利的影响很大，不能不察。目前从在韩国部署萨德以及扩军等情况看来，也需要警惕他"冒险性"

的一面。

（2017 年 3 月 3 日）

10. 美国所谓"通俄门"和"窃听门"的斗争表明，美国"建制派"和特朗普"黑天鹅派"斗争的激烈，可以说是方兴未艾。建制派的反扑是严峻的，但有点不知天高地厚，所谓"亲俄"，也有很大炒作成分。他们的根本目的是要"再颠覆"，继续推行"政治正确"，至少要制约特朗普，防止这只"黑天鹅"向着慕尼黑国际安全会议探讨的"三后"方向飞。建制派不会认知"三后"，更不会认同。

（2017 年 3 月 7 日）

二、特朗普与中美关系

1. 习近平与特朗普会晤在即，这既是当前中美关系的头等大事，也是世界的头等大事。目前，时代变迁量变进程正在加速发展，国际力量对比正在发生历史性变化，似乎已经到了一个节点，即所谓"三后世界"（后真相、后西方、后秩序）。放在这一大背景下观察，有人说这次会晤具有历史意义，并不为过。

当前，需要特别警惕各种挑拨离间和煽动"大国情绪"，如说什么特朗普对中国放"狠话"，对中国下"最后通牒"，中国能向特朗普"献什么礼"，等等。习特会主要是战略性的，是双方都认可的新型大国关系基础上的战略规划，包括朝鲜半岛问题可能达成的共识，带有方向性思路和途径。

（2017 年 4 月 6 日）

2. 境外一家媒体于 4 月 7 日辩论：特朗普想要美国再次伟大起来，中国是否应帮助？正反两方面的专家各执一词。也有人问：美国是否应帮助中国实现"中国梦"？其实，在我看来，谈不上要谁帮助谁，关键在于"相互尊重，合作共赢"。如果本着新型大国关系，双方相向而行，确实是可以相互促进的。难道不是吗？

（2017 年 4 月 8 日）

3. 有些专家近来仍在谈论：中美关系好也好不到哪里去，坏也坏不到哪里去。此一时，彼一时也。时代不同了，习近平与特朗普这次会晤表明，在新的起点上，中美关系不是"好也好不到哪里去"，而是可能有更好的前景，有更大范围的合作。当然，目前特朗普"黑天鹅派"同建制派的斗争十分激烈，人们还要拭目以待。

（2017 年 4 月 8 日）

4. 我昨日曾说，继续认为"中美关系好也好不到哪里去，坏也坏不到哪里去"的论断已不合时宜。现在，我还认为，中美"斗而不破"的论调，也可以休矣。"斗而不破"，曾经是一种关于中美关系的考虑，公开这么说本来就不大合适。习特会这次从战略上规划了两国关系的发展道路，显然是"重在合作"，别无他途。

（2017 年 4 月 10 日）

5. 在处理中美关系方面，中国一直既自信，又克制，始终不卑不亢，坚持新型大国关系的大方向，把合作作为"主旋律"。

这已获得全球舆论的好评。但国内有很少数专家学者，一直有某种要取代美国的"冲动"，可谓不了解中国外交的本质和诉求，在国际力量对比方面，也有点不知天高地厚。

（2017 年 4 月 10 日）

6. 特朗普和杜特尔特的出现，是"三后"催生的，也是"三后"世界比较典型的反映，有其一定的代表性，我把它称为"黑天鹅派"。我们不能老是用"传统"眼光分析判断，更不能遵循建制派"政治正确"的轨迹观察。这两派之间的斗争，目前方兴未艾，十分剧烈，可能还会有反复。

（2017 年 4 月 10 日）

7.《环球时报》4 月 5 日的社评值得一读：谈在朝核问题上中国的一条底线，中国会不惜代价去守护，那就是中国东北的安全与稳定。与此相关，朝鲜的核活动绝不可对中国东北造成任何污染。此外，朝鲜不能走向大量输出难民的那种动荡局面，鸭绿江对岸也不能出现一个与中国敌对的政权，美国军队更不可推至鸭绿江边。在我看来，这些话既是对美国及其盟友说的，也是对朝鲜说的，值得我们当前研究朝鲜核问题和中国对策者参考。

（2017 年 4 月 12 日）

8 . 特朗普在"北约过时论"和"中国操纵汇率"等问题上，最近态度有明显转变。建制派对此感到"欣慰"，认为特朗普正在学习向传统共和党人回归，由政治的"局外人"变为"局内人"，说："这才是美国想要的总统。"他们似乎高兴得太早了。特朗普适时改变政策，有妥协的一面，但他会成为建制派的"俘虏"吗？

（2017 年 4 月 17 日）

9. 美国国务卿蒂勒森 5 月初对其国务院人员说，美中关系现在处于一个"拐点"。他说："让我们重新审视这一关系，以及未来半个世纪这一关系的发展。我认为，这是我们定义中美关系的巨大机遇，而且中国领导层对此似乎也非常感兴趣。"对照他访华时关于中美新型大国关系的言论，值得认真看待。

（2017 年 5 月 21 日）

三、特朗普与美俄关系和"三后时代"

1. 特朗普是性情中人，但他并非无一定之规。如果说他在不同意义上也在对中国"两面下注"，那他迈的步子同奥巴马可能不一样；近来，"正面下注"显然在增加。在安倍即将赶赴华盛顿献媚前，他向习近平致新年贺信，并通电话，绝非偶然。他是有计谋的。这对中美都有好处，实际上也有利于美国"变得再伟大"。

（2017 年 2 月 10 日）

2. 美国总统国家安全事务助理费林闪电辞职，与其说是因为"反俄"而起，不如说是美国传统精英和"政治正确"势力对"黑天鹅"特朗普的一次"反扑"，警示后者要"守规矩"。美国上层不少人冷战思维仍然严重，"反俄"仍颇有市场。"反俄风"正是在这一背景下刮起的。序幕刚刚拉开，剧情有待观看，蛮有意思的。

（2017 年 2 月 17 日）

3. 在评论特朗普入主白宫 100 天时，国内外专家学者大多强调他是"商人"，贬多于褒。这是不公道的，是遵循建制派的思路和轨迹。诚然，特朗普确有"商人烙印"和基因，但他确是一只"黑天鹅"。说他政绩"可圈可点"显然过分了，可是他确实较有作为。在中美关系方面，从里根到奥巴马，谁能比得上他？

（2017 年 5 月 5 日）

4. 目前美国"建制派"同特朗普"黑天鹅派"的斗争，正在全面铺开，可以说是你死我活。鹿死谁手，现在下结论还为时过早。特朗普也许是昙花一现，成为过渡人物，也许继续向着时代诉求的方向飞行。历史上，在时代变迁的过程中，反复和曲折难免。我深感国际局势要大变，但总体向好。历史和社会实践将会验证我的一家之言。

（2017 年 5 月 11 日）

5. 看美俄关系，我们不能就事论事。美国媒体近来大肆炒作所谓"通俄门"和"泄密门"，指控特朗普向俄方透露了"高度机密"的情报。其中固然有美俄深层次矛盾的因素发酵，但往深里看，这更是美国"建制派"与特朗普"黑天鹅派"生死博弈的反映。前者根本的目的是要利用媒体和现行制度，束缚和制约后者，甚至把他轰下台去。

当时代变迁发展到一个节点，接近"质变"阶段时，斗争会涉及方方面面，可谓不择手段，你死我活，十分残酷。历史上不乏这类事例，有时难免有曲折，甚至会开历史倒车。如果我们把目前美国国内的博弈放在"三后"去审视，对其性质和影响，可能会看得更深一些。特朗普可能成功，也可能失败，但还会有别的什么"朗普"出现。历史是无情的，不以人们主观意志为转移。

"三后"指的是：后真相、后西方、后秩序。这是今年慕尼黑国家安全会议的主题，是东道主西方人士提出的，已引起国际上广泛的关注，实际上对时代变迁的性质提出了带有某种倾向性的看法。这是过去历次会议所没有的。但在舆论宣传上，西方建制派有意"淡化"，或者说不敢真正面对。

（2017 年 5 月 17 日）

6. 特朗普何罪之有？继续冷静观察特朗普一百多天的实践表明，特朗普总体上还是希望与俄罗斯合作反恐。为此，他与俄外长会见时，谈了一些有关 IS 活动的"情报"。这本是件好事，有利于反恐合作大局，何以反成了"罪名"？

普京似乎洞察美国国内动向，一下就看穿了其中奥妙，强调这是在"打着反俄罗斯旗号"，搞国内政治斗争，调侃美国方面的无稽之谈，指责那些"欲加之罪，何患无辞"的人（似指美国"建制派传统势力"）危险而且卑鄙。

（2017 年 5 月 20 日）

四、特朗普中东行

1. 近日，国内外专家学者热议特朗普"中东行"，有不少真知灼见，也有不少值得商榷。

其一，认为这是"美俄角逐中东"之旅。这是传统思维和习惯性论调，不符合事实。美俄固然有矛盾和博弈，但在反恐方面，互有不同程度合作的需要，在中东，也是比较可行的。

其二，认为特朗普是要打造"中东版北约"。这也有点牵强附会。美国在中东主导的任何形式的反恐合作，都与当年北约成立的背景、初衷不同。岂能相提并论？

其三，认为这是"反伊朗之行"。显然，美国有这方面的意思，但美国国务院最近宣称，要继续维持"伊核协议"。这一表态本身，就回答了"主打"伊朗的问题。

其四，认为这是"商业之旅"，特朗普并没有什么外交战略。这也太小看特朗普了。他的中东行本身就是"特朗普战略"的一部分，堪称"黑天鹅战略"。他显然是要调整战略部署。他这是（与沙以）"修好之旅""军售之旅"（军工联合体需要），在很大程度上，也是"反恐之旅"。当然，实际上也有受"保护费"因素，以及与俄罗斯、伊朗博弈因素的驱动影响。

关于巴以问题，特朗普将如何动作，还需等两天，看看再说。他已扬言，巴以问题并不是那么严峻。我们拭目以待。

（2017 年 5 月 23 日）

2. 特朗普真是个精明的"大手笔商人"，仅一个月，他就拿下了两笔巨额军火订单：1100亿＋120亿，既支持了沙特，又"安抚"了卡塔尔，油水大大的。不过，这类生意做多了，胃口越来越大，弄不好，是要吃大亏的："大输"。谁不知道现在的中东断交风波?! 谁不知道这两国现在的关系?! 后果会怎样？天知道！

（2017 年 6 月 17 日）

五、美国专家和媒体如何看特朗普

1. 国际政要评特朗普：德国外长施泰因迈尔说，特朗普的就职典礼意味着"20 世纪的旧秩序已经结束，21 世纪的秩序，以及将来世界会是怎样还未确定，一切都有可能出现"。他还警告说，欧洲"动荡不安的时代"即将来临。他这显然是有感而发。关键是要看特朗普这只"黑天鹅"飞向何处，怎么飞。是福是祸，有待冷静观察。

（2017 年 1 月 23 日）

2. 瑞士媒体近日刊登了对弗朗西斯·福山的专访，问他是否认为，自由民主制已经在美国失灵。他回答说：还没到此程度。他说，在我和我的很多同行看来，特朗普具备专制领导人的全部特征：藐视规则、不顾程序、攻击制度。现在的问题在于，是他会破坏制度，还是制度强大到能限制住他。弗朗西斯·福山是美籍日裔专家，是冷战结束时期《历史的终结》一书的作者。他现在承认当时太乐观了，承认中国等国的社会体制也有"可取之处"。但他仍念念不忘他所谓的"自由民主"。他是美国"政治正确派"

（建制派）的代表人物之一，支持希拉里。

（2017 年 3 月 23 日）

六、关于"特朗普现象"

1. 特朗普说过一些出格和相互矛盾的话。但我们不能因此就判断他领导的美国将会何去何从。他毕竟不是孤立的个人，而是一股势力和思潮的代表。有很多不确定因素和问题需要研究，特别是全球化和开放（贸易和投资自由化）问题、"决不做老二"和战略再平衡问题，美中、美俄以及与盟国关系问题。我们不妨拭目以待。

（2016 年 11 月 9 日）

2. 被美国民众调侃的"疯子"特朗普终于要登上总统宝座了，"骗子"希拉里没能实现今晚"两个总统睡一张床上"的美梦（这当然也是调侃的语言）。其实，无论是"疯子"还是"骗子"，不争霸的中国都可从容应对。但特朗普现象值得深思。美国不可一世的媒体和传统、精英阶层现在大跌眼镜了。这不是天意，是民心。

（2016 年 11 月 9 日）

3. "特朗普现象"表明，现在世道真的变了。如果说"杜特尔特现象"是美国因素催生的，"特朗普现象"也是美国体制和不公造成的，是美国在国际上"苦争春"力不从心催生的，不以美国传统势力主观意志为转移。安倍希望"日美共同主导"亚太事务，简直是不知天高地厚，痴心妄想。习近平的贺信则顺应时代潮流。

（2016 年 11 月 10 日）

4.对特朗普即将入主白宫，人们有所期待，"谨慎乐观"；也有人颇忧虑，"谨慎悲观"。我是谨慎乐观主义者。今年的国际形势特点是三个字：乱，变，治。这三者是息息相通的，"变"是关键。时代变迁量变进程似已到了一个"结点"，"特朗普现象"和"杜特尔特现象"可能预示着时代变迁的转型，向着"质变"飞跃。

"特朗普现象"是老牌发达国家因"花渐落"和混乱不堪的局面而"思变"和"思治"的反映。另一方面，发展中国家大面积兴起，也从过去的"穷则思变"发展到现在的"富也思变"，要求更加公平合理的国际秩序，也在"思变"和"思治"。"杜特尔特现象"便是这方面的一只"黑天鹅"。

（2016 年 11 月 27 日）

七、微评奥巴马、希拉里和"白子之心"

1.美国大选：很多专家在探讨：希拉里和特朗普谁对中国更有利？希的形象好像都是"负面的"，认为她是"鹰"。其实，她既是"鹰"，也是"鸽"，时"鹰"时"鸽"。五年前我曾写过一篇文章《哪一个才是真正的希拉里？》，现在附于此，供读者朋友参考。这不意味着我更喜欢她。谁当选美国总统，中国都可从容应对，关键是美国何去何从。

（2016 年 11 月 7 日）

2. 奥巴马快离任了，对他的评价一般都是一分为二。我最不解和感到最可笑的是：他早在五年前就声称，叙利亚总统巴沙尔"不合法"，"必须下台"。现在，巴沙尔似乎地位比以前巩固了一些，而奥巴马二十几天后就要下台了。这颇具讽刺意味。奥巴马是自认为"最具民主国家"的领导人，我不知他凭什么如此妄言。

（2016 年 12 月 24 日）

3. 我前天发了一条微博谈奥巴马和巴沙尔的境遇，跟帖相当多。有那么几个"网客"觉得很不是滋味，骂我的脏话可忽略不计，但他们"坚决维护美国世界警察地位"和把美国人自己都怀疑的所谓"投票民主"视若神明，诚可谓"白子之心"。中东有些国家就一直在搞"世袭"，美国不是在大力支持吗？这是怎么回事？

（2016 年 12 月 26 日）

附录：

哪一个才是真正的希拉里？

美国大选预选正酣。日前，就谁当选下届美国总统对中美关系更有利这一话题，境外一家电视台组织了场辩论，结果，希拉里的形象好像都是"负面的"。

一个时期以来，一些媒体和专家学者都认为，她是"鹰"。我觉得，这似乎不够实事求是。其实，她既是"鹰"，也是"鸽"，时"鹰"时"鸽"。

翻翻希拉里任美国国务卿时的一些言论，她确实对中国说过不少"狠话""硬话"。

比如：希拉里在任国务卿期间访问柬埔寨时，曾奉劝柬埔寨"不要同中国走得太近"；她还在接受《大西洋月刊》采访时，指责中国在人权问题上"正在试图阻止历史"，而且无理声称，"这是一个愚蠢的做法"；在非洲问题上，她也曾大放厥词，劝告非洲国家必须当心中国的"新殖民主义"……

不过，大家也应该看到，在对华关系上，她也有正面的表态。

其实，近几年来，美国领导人和政治家，从奥巴马总统到前国务卿希拉里，都经常引用中国成语来描述中美关系，其中最有代表性的是"同舟共济""逢山开路，遇水搭桥""有福同享，有难同当"，以及"有朋自远方来不亦乐乎"和"温故而知新"。

希拉里说得也不少，也给人留下深刻印象。早在2009年奥巴马总统访华时，她就提出美中现在是"同舟共济"，后来她又一再重申这一观点。她曾强调，"中美两国现在就像同一条船上的两个人，我们必须时刻向同一个方向行进。就如一句中国谚语所言，我们在遇到困难时应'逢山开路，遇水搭桥'。中美两国没有相互孤立，我们时刻位于穿越亚太乃至全世界的关系网之中。"当年，在胡锦涛主席访美前夕，她还公开驳斥了所谓"中国威胁论"与"中美零和论"，说中美今后应"同舟共济"，合作迎接挑战。如果未来无法"共济"，只会引发混乱和旋涡，不仅殃及两国人民，也殃及世界其他地区的人民。她还表示："欢迎中国兴起，欢迎中国不仅努力为本国人民脱贫，同时也对外输出繁荣和机会。"

虽然对她说过的这些"好话"，中国人会保持冷静，不会飘飘然，但说实话，这些曾经的表态，也算难能可贵。要知道，在新中国成立的头60年，什么时候我们听到过美国领导人、政治家如此引用中国成语来描述中美关系？从来没有。他们这么做，应该说还是正面的，具有积极意义，值得欢迎。当然，这也表明，当今"时代变迁量变进程加速发展"的影响，波及国际关系的方方面面，而中美关系可谓"首当其冲"。这也说明美国领导人和政治家，对处理中美关系还是有务实的认识。

在涉华言论上既放过"狠话"，也说过"好话"。那么，究竟哪一个希拉里才是真正的希拉里呢？对这些尖锐的问题，我曾一时哑然。但细细琢磨，觉得也并不复杂。其实，把这"两个希拉里"加在一起，除以"2"，就是一个"真正的希拉里"。

时代变迁与中国外交

一、习近平论战争与和平的辩证法

习近平指出："能战方能止战，准备打才可能不必打，越不能打越可能挨打，这就是战争与和平的辩证法。" 最近在南海问题上，中国强力反制美国耀武扬威，充分表明，中国不惹事，不怕事，也不是好惹的。这就是中国强大的决心和能力的显示，美国不得不三思而行。

在事关中国特色社会主义前途命运的大是大非问题上，坚定不移，在改革发展稳定工作中敢于碰硬，在全面从严治党上敢于动硬，在维护国家核心利益上敢于针锋相对，不在困难面前低头，不在挑战面前退缩，不拿原则做交易，不在任何压力下吞下损害中华民族根本利益的苦果。

习近平主席的这些重要讲话，说出了中国人民心里的话，表达了中国的决心。窃以为，中国不惹事，不怕事，也是坚强不屈的，中国绝不会任人摆布，并不是那么好惹的。这是中国向外界发出的明确无误的信号：面对新形势新挑战，要发扬斗争精神，既要敢于斗争，又要善于斗争。

（2016 年 8 月）

二、中国"陷入孤立"、周边局势"急剧动荡"了吗？

2010 年 8 月，美国国务卿在一次东盟会议上公开宣称：我们（美国）回来了！之后不久，一位外籍华人专家即迅速发表文章提出："中国周边为什么频频起火？"煞有介事。还有一位山东某国际关系学院的副院长也提出：如何减少周边国家对中国的"疏离感"。这两位先生出于什么考虑，我无法猜测。但无论如何，它客观上适应了美国新保守主义理想家们和日本右翼关于"中国威胁论"以及"中国孤立论"的需要。有点国际知识的人们，一般都可看出，这是没有事实根据的"伪命题"，那些"明星专家学者"，难道一眼黑？令人费解。

随着美国战略重心东移的推进和演变，"中国威胁论"的幽灵，也在不断变脸。时而"棒杀"，时而"捧杀"，而且言之凿凿，似是而非，极尽挑拨离间之能事。不断散布说，中国现在到处"展现肌肉""咄咄逼人"，要形成历史上的"朝贡体系"，等等，不一而足；他们提出，要努力形成"亚洲减一"和"隐形同盟"对付中国。尽管此类冷战言行已被无情的客观事实否定，但有些人仍然乐此不疲。近来，又听到一些权威人士的"心声"，惊呼中国周边安全局势正在"急剧动荡"；质疑中国"过度自信"与"强势"，以致陷入"亚太困局"和"孤独大国的地位"，外交上"处处被动"与"无所作为"。事实果真如此吗？

诚然，中国与周边几个国家确实存有一些历史遗留问题，也有某些实际利益的竞争（包括地缘政治影响），特别是美日右翼的挑拨离间和推波助澜，中国周边形势现在确实比过去复杂，挑战也实际存在，个别问题还比较严重。对此，我们必须心中有数，不能掉以轻心，更不能高枕无忧（所谓"忘战必危"也）。但纵观全局，谁也不能否认，中国周边形势总体是向好的。中国"和谐周边"和"义利观"外交的"亲和力"，已产生不可估量的影响。现在，中国与周边国家，相互关系是更加紧密了，"利好机遇"是更多了。连美国《华尔街日报》也承认：环顾中国周边，"没有一个国家愿意联美反华"。

我们不妨沿着中国周边走一走，看一看到底是宽广的"阳关道"，还是风雨交加的"独木桥"。

东北亚，除了需要高度警惕日本重走军国主义老路外，并不存在什么情况"急剧动荡"。日本右翼也许想放把火，但他们既没有能耐，也没有胆量敢把火放大。中国军队是维护主权与和平的"定海神针"，也不是吃素的。这一点，日本清楚，美国更清楚。至于美日韩联盟对付中国，那也是美日方面的一厢情愿。说是为了对付朝鲜"威胁"，也许有人相信；说共同对付中国，从金大中到朴槿惠，韩国四位总统恐怕一个也不会赞同。现在中韩全面战略伙伴关系发展到什么程度，难道还需要赘述吗？

东南亚，除菲律宾等个别国家时不时在海权问题上同中国闹腾一下外，它们还能掀起什么大浪？中国与东盟关系一直以来都相当好。目前双方贸易额已超过它们同美国的贸易额，中国与东盟自贸区惠及双方，而且正在向"升级版"迈进，势不可挡。

2014年7月，东盟外交部长和"10+1"（东盟与中国）等一系列会议都表明，双方都着眼于大局，顾全大局，重视友好合作，并不存在什么围攻中国的"鸿门宴"，而是"合作共赢"的"家常宴"。

南亚，中国同它们的关系一向很好。中缅关系在个别项目上出现了一些问题，这很正常，不必大惊小怪。至于缅甸开始改革开放，中国乐见其成。这是好事，谈不上是什么中缅关系出现"拐点"。缅甸大选后，无论谁上台，都会同中国保持友好关系。有的国家想趁机搞"颜色革命"，那是它们的事。这些年来，各种"颜色革命"何其多，成就几何？"春"意何在？至于中印关系，那是美国和日本右翼一直以来的挑拨重点。但它们很失望。中印双方从大局出发，对边界某些风波都认真管控，在地缘政治影响方面，双方都比较实事求是。印度总理莫迪说得好：印中是一种精神，两个身体。印度最大财团之一的塔塔集团董事会主席拉坦·塔塔也说：中国强大的经济实力并不令人担心，印中关系"并不是对抗性的"；"我更愿意将中国视为一个非常强大的盟友。我们应该与中国建立一种持久的关系，我想这一点是可以做到的"。可以预见，中印关系也将向着新型大国关系稳步迈进。

再看中国北边。"上合组织"生命力日益强盛，它不仅是联合反对三股恶势力的重要屏障，它的"上海精神"——尊重多样文明，谋求共同发展，更是顺应时代潮流的新型价值观，也是中国周边重要的阳关道。

目前，还有两个似是而非的论调需要澄清。一是所谓东盟经济上靠中国，安全上靠美国。这是"中国威胁论"新形势下的"翻版"，也不符合事实。东盟经济上与美国也相互依存，安全上与中国也有合作。二是所谓中国需要"稳固后院"。"后院"是美国门罗主义的代名词。中国不谋求势力范围，中国要的是"命运共同体"，是"一花不是春，孤雁难成行"的新时代外交理念，是平等与合作共赢的伙伴关系。如果有人硬要逆潮流而动，要在阳关道上构筑"独木桥"，那就随他去吧。

（2016 年 3 月）

三、中美关系以及中美日三角关系

（一）美国大选前夕

1. 美国总统候选人谁没说过中国坏话？从里根到小布什概莫能外。里根还说要同中国台北建交，算数吗？不算。研究特朗普和希拉里也要全面。他们都说过一些不得体的话。但特朗普也说过：中国伟大，我爱中国！希拉里早就说过，美国同中国要"同舟共济""逢山开路，遇水搭桥"。

（2016 年 11 月 5 日）

2. 美国大选：明天美国就要大选。媒体热议谁当选更好或更糟。普京曾妙答：他希望"选个更好的"。问题是，现在就这么两个人了，尽管据说美国 80% 左右的人不喜欢这次大选，那又怎样？奈何？！现在鹿死谁手还不一定，我们无须妄加评论，这毕竟是美国的家事。但我们也要未雨绸缪，准备应对任何可能的变化。

（2016 年 11 月 7 日）

（二）特朗普当选后首评

1. "反介入"和"拒止力量"都是美国的词汇，指的就是反对干涉内政力量（包括第二次打击能力）。美国生怕中国这方面力量强大了，它就不能为所欲为了。

（2016 年 8 月 23 日）

2. 美国新保守主义理想家的喉舌《国家利益》近期刊文说，美国很担心中国"反介入"（拒止力量）全面提升。所谓"反介入"力量，就是反对干涉内政的力量，绝不是什么"进攻性"力量。美国如不对中国别有用心，何惧之有？中国"反介入力量"还会继续大力发展，这不是搞军备竞赛，而是对付侵略的"杀手锏"。

（2016 年 8 月 23 日）

3. 近来媒体热议，谁当选美国总统对中国更有利，中国更喜欢谁？这可以理解。因为美国毕竟还是"花渐落"的超级大国，需要认真对待，但也不必太过担心。我观察美国大选几十年，觉得总统候选人说话水分很大。他们都不是简单的个人；美国积习难改，"决不做老二"思想贯彻始终；现实无情，"苦争春"难了心愿。

（2016 年 11 月 5 日）

4. 特朗普当选美国下届总统，日本活动异常，表面看来似乎很担忧（美国要它负责军事保护费），但担忧下面掩盖着窃喜。日本右翼巴不得美国给它机会在军事上"自强、自立"，从而与美国"平起平坐"。问题是，美国会放松对日本的控制吗？美国能放弃"核保护伞"、让日本有机会和借口发展核武器吗？

美国傻吗？

（2016 年 11 月 10 日）

5. 特朗普在与蔡英文通话后，又在南海和人民币问题上说话出格。一般都认为他不懂外交，大嘴巴，任性。其实，他正是在利用这些"名声"，试探中国如何反应（包括中国的底线、忍耐程度，以及怎么反制），为其制定上台后的"新政"做准备。我们必须高度警惕，冷静观察，进行必要和适度反应，不被其所忽悠。

（2016 年 12 月 6 日）

6. 1972 年尼克松开启了美国与中国跨越太平洋的握手。但过了很多年，直至 1981 两国才正式建交。为什么？美国领导人心里最清楚。中国始终坚持三条：（与台湾当局）断交、废约、撤军。后来美国同意了，两国建交始成。现在有人想开倒车，没门儿！在这方面，中国是毫不含糊的。美国领导人和他的团队应该好好重温这段历史。

（2016 年 12 月 8 日）

7. 据报道，美候任防长对华撂狠话说：要打，（美国）奉陪到底。我没查到原话。果如此，此话倒是送给他和美国更为合适。中国从不惹事，不会主动要去同美国打。但中国也不是好惹的，如美国右翼不识时务，欺人太甚，中国必然强烈反制。勿谓言之不预。

（2016 年 12 月 11 日）

8.特朗普及其团队近来言论，有正有负，一般均属"预热"和"试探"，为其"新政"做准备。我们切不可轻断。显然，中国有定力，有各种应对方案。目前最重要的是冷静观察，适时应对，不被其忽悠。想当年，里根总统可谓"右"矣，甚至要同台湾"复交"，邀请台湾当局派代表出席他的就职仪式。结果不都黄了吗?!

（2016 年 12 月 12 日）

9. 特朗普"预热"和"试探"言论近来似乎越来越离谱了。做惯了生意的人，主政也喜欢做交易。这可以理解。但他们应该懂得，"主权"是不能拿来做交易的。台湾是中国的核心利益，是领土主权范围的事。任何人如果企图侵犯一中原则，必将碰得头破血流。特朗普难道也可以拿美国的旧金山或西雅图去做交易吗?

（2016 年 12 月 13 日）

10. 新媒体大发展给人类带来了巨大的精神和物质财富，影响着时代的方方面面。人们都受益匪浅。但它也不是有百利而无一害。有些"特制"的流言十分有害，如说中国不仅在南海，而且在加勒比海和印度洋都布置了带核弹头和氢弹的核潜艇，死死包围了美国，"中美大屠杀打响""全球迎战"；中美"必有一战"，中国周边"六国"将要"对中国开战"；中俄战略合作本来就很"脆弱"，特朗普上台后，要"离婚"了，美俄将联手制华；某某国家领导人生前"睡了五万多女人"等，不一而足。这些 "特制的流言蜚语"，数不胜数，蓄意误导舆论，混淆是非。如因好奇而转发，则正中奸计。

（2016 年 12 月 23）

11. 美国"霸权黄昏"的焦虑！特朗普团队几位候任高官，近来对中国放了不少狠话。这些人既幼稚可笑，也不知天高地厚。他们看似"强势""威风"，实则是"霸权黄昏"的"焦虑"和"黑老大的心态"，怕失去第一把交椅，不知如何才能使自己"再伟大起来"。"有病乱投医"是很危险的，最好还是找出病根。

（2017 年 1 月 16 日）

12. 美国这些候任部长应该明白，中国对他们黑老大的那把"交椅"不感兴趣，一向主张平等相待，合作共赢。中国顾全世界和平与发展大局，也顾全中美关系大局，但中国也不是好欺侮的，对任何企图强加给中国的"苦果"，绝不会吞下，必然要强力反制。美国如要继续"横行霸道"，必然将加速衰败，自食恶果。

（2017 年 1 月 16 日）

13. 近来，境外某些专家学者在时事辩论会上强调，美候任总统特朗普在中国周边"有很多牌可以打"。其实，中美相互都有很多牌可以打，问题是打哪一张，怎么打，为了什么。有些人一直担心中国周边"频频起火"，美国也确有人想放火，但始终烧不大。为何？中国八字方针是关键："睦邻友好，釜底抽薪。"

前者是中国国策，后者是实际效果。天人可见。这一点奥巴马学不来，更不用说小布什了。特朗普能否"变革"，另辟蹊径，天知道。有人说，特朗普竞选和当选以来，没有说一句中国好话。这也有点不实事求是。君不见他也说过："中国伟大，我爱中国！"称赞中国基础设施搞得好；也需要改善美中关系。

（2017年1月17日）

14. 美国驻华大使博卡斯离任前在《人民日报》撰文说："欢迎中国领导世界"。我不想对其用意妄加猜测和评论。但此文还是值得读一读。"仁者见仁，智者见智"，各位网友不妨得出自己独立的判断（看法）。我们必须冷静看世界，实事求是。

（2017年2月3日）

15. 美国一些媒体近来在批评和攻击特朗普"限穆令"等反建制派系列新政的同时，也在宣传说，他立下了"一大奇功"，把美国软实力资产"弃如敝屣"，给中国创造了"领导世界"新的战略机遇期；特朗普"拱手相让"，中国当然要当仁不让"填补真空"了，等等，不一而足。对此，中国心中有数，保持着必要警惕。

（2017年2月5日）

16. 特朗普曾当着安倍的面说：他同习近平有过"很好且非常非常温馨的对话""我们正在友好相处的过程中"。他还说，他相信美中能友好相处，这也让日本受惠，"这对中国、日本及区域的其他国家都是好事"。我想，安倍听清楚了，但可能还不大明白。听了今天蒂勒森对习近平主席说的话，不知道他爽不爽？

（2017年3月19日）

17. 美国国务卿蒂勒森表示：特朗普期待尽早与习近平会晤，并有机会访华，为美中关系未来 50 年发展确定方向；美方愿本着不冲突、不对抗、相互尊重、合作共赢的精神发展对华关系，不断增进美中相互了解，加强美中协调合作，共同应对国际社会面临的挑战。这很值得欢迎。这既是中国外交的胜利，也是特朗普的成功。我这么说，是实事求是。现在有人说"中国在偷着乐"，美国"输了一局"。这是在挑拨中美关系，也是在以"老爷"的眼光看问题（好像美国给了中国什么恩惠似的）。其实，这是中美双赢，是互利，有利于国际和平与稳定。

（2017 年 3 月 21 日）

18. 习近平与特朗普会晤，窃以为主要是探讨对两国关系战略定位的共识，至少是"认知"。中美关系搞好了，不仅有利于中美，也有利于世界的和平与稳定。此话，特朗普已当面对安倍说了，不知安倍智商如何？

（2017 年 3 月 31 日）

19. 我可能有点过于乐观或主观了。但我认为，对特朗普以及中美关系的评论，国内外目前基本上没摆脱美国"政治正确派"（建制派精英）的影响和轨迹。时代不同了，要有新的视角和思路。

（2017 年 4 月 1 日）

20. 境外有专家在辩论美国更重视日本还是中国问题。其实，中美、美日关系性质完全不同，根本无可比性。美日是主从关系，美国要保持主人的尊严，加强对日本的控制，要日本"给力"；日本是要摆脱主从关系，争做亚洲的"领头雁"。中美是要探讨和规划今后如何合作"前进的方向"和"途径"。两者岂能混为一谈！

（2017 年 4 月 1 日）

21. 在处理中美关系方面，中国一直既自信，又克制，始终不卑不亢，坚持新型大国关系的大方向，把合作作为"主旋律"。这已获得全球舆论的好评。但国内有很少数专家学者，一直有某种要取代美国的"冲动"，可谓不了解中国外交的本质和诉求，在国际力量对比方面，也有点不知天高地厚。

（2017 年 4 月 10 日）

（三）中美日三角关系

1. "豺狼当道，安问狐狸" 这句成语中国人耳熟能详，外交上也有不少成功的范例。现在有个别"对日友好专家" 也借此拿中美和中日关系说事。其实，此美国并非完全等同于"黄世仁"，此日本更不是剧中的"穆仁志"。中国同它们也不是杨白劳同黄世仁和穆仁志的关系。中国会很好地拿捏分寸的。日本别痴心妄想。

（2016 年 9 月 25 日）

2. 特朗普 15 日在接受采访时说："北约有问题，它过时了，因为它最初是在许多年前设计的。" 此乃惊世之言，说了实话。商人当然都讲利益，但好的商人也注重"诚信"和"守规矩"。《美日安保条约》也是冷战时期的产物，近 70 年了，早就是逆时代潮流之物。特朗普入主白宫后，如何处理美日关系，人们正拭目以待。

（2017 年 1 月 18 日）

3. 安倍的"焦虑"与"图谋"：对特朗普上台，安倍既焦虑不安，又暗暗窃喜。他拿不准这只"黑天鹅"对他是祸是福，不知会不会因其支持希拉里而拿他"开刀"，如何处置日美关系，如何解读日美安保条约。因此，他极力逢迎，多方"给力"，在中国周边替美国战略重心东移投棋布子，以示其不可或缺的地位。安倍有他自己的大九九和图谋：除修宪外，他念念不忘日本曾经是亚洲"领头雁"的辉煌，极力要使"日本再强大起来"；他也念念不忘要改变同美国的主从关系。特朗普要废除 TPP，他明知再搞下去困难重重，但仍坚持"独挑大梁"；当年奥巴马不喜欢日本邀请普京访日，他也并没有怎么理睬。其用心是明摆着的。

我们千万不要忘记，美日在"借力"与"给力"之间，加强同盟关系的同时（当前这是矛盾的主要方面），也掩盖着"另一种矛盾"——结构性的。从战略上看，这是很难调和的。日本现在千方百计发展和出口军备，美国军火商从根本上说，对此也难以认同。是继续容忍甚至纵容，还是遏制？且看特朗普如何动作。

（2017 年 1 月 20 日）

4. 特朗普这句话发人深思，值得好好玩味。特朗普在承诺将致力于使用包括常规武器和核武器在内的全部军事实力保卫日本的同时，当着安倍面说：美中友好对日本有好处。不知安倍做何感想。如果特朗普不是言不由衷，安倍忙来忙去，忙什么呢?!

（2017 年 2 月 11 日）

5.安倍非"等闲之辈"。他此次访美，媒体比较多地注意他"送大礼"换回了美国对"保护"日本安全的承诺。其实，他满脑子想的都是如何遏制中国，如何恢复日本昔日的"辉煌"。他此访心里最不舒服的是，特朗普当着他的面说，他与习近平进行了"十分良好的"谈话，美中相处好了，对日本等区域内各国都有益。这与安倍翘首以盼的相去十万八千里。特朗普同他的联合声明看似要"全面保护"日本安全，实则要趁机加强对日本的控制，而且要日本付出"被保护"的相应代价。

（2017 年 2 月 12 日）

四、中俄战略关系和中俄美三角关系

1.普京说得好：在叙利亚问题上，美国的目的是推翻巴沙尔总统，俄罗斯的目的是战胜恐怖主义（当然也包括支持合法的巴沙尔总统）。他说："要两面派手法总是很难。既对恐怖分子宣战，又试图利用他们中的一部分人，以便在中东安排自己想要的人。"奥巴马一再强调，巴沙尔必须下台，凭什么？谁选他做代言人？

（2016 年 8 月 31 日）

2.在今年国际形势凸显"乱"（乱云飞渡）、"变"（转型）和"治"（标本兼治）的情况下，普京总统的国情咨文尤其引人注意。他强调发展是俄现在的重中之重，俄农业因西方制裁而"因

祸得福"。外交上，他强调俄要寻求友谊，谋求合作，不搞对抗，"愿与美新政府平等对话，加深与欧盟合作"。他还指出，俄"向东看"政策并非"权宜之计"，而是俄国家利益和发展的需要。普京特别强调中俄合作对世界和平与稳定的重要性，认为两国关系已经成为国际合作的典范。显然，普京充分展示了俄罗斯的自信，强调了俄罗斯的核心利益，释放了更多善意，表明了俄大国战略的坚持、开放与合作立场。

（2016年12月3日）

3.特朗普入主白宫后，美俄关系可能逐步正常化和缓和。这是好事，有利于美俄双方，也有利于世界和平与稳定，中国将乐见其成。但某些敌对势力心术不正，冷战思维作祟，企图打"中国牌"，推动美俄联手遏制中国，搞一个美国主导的"美俄中大三角关系"。国内有那么几个"精英"也在紧跟，早已发文呼应。

（2017年1月1日）

4.美日近来正在加紧挑拨中俄关系。国内有些所谓"智库专家"也在跟着嚷嚷，不分青红皂白，把俄罗斯反制美日的措施归结为俄罗斯"咄咄逼人"，甚至污蔑俄罗斯"追求帝国化"；普京要"继承彼得大帝"衣钵，"也不是什么好东西"。有人认为，这些人实际上是中国"依附型精英分子"，或"买办精英分子"。

（2017年2月26日）

5.普京早就说过："谁不为苏联解体而惋惜，谁就没有良心；

谁想恢复过去的苏联，谁就没有头脑。"显然，他想冷静、客观。现在有人想向他脸上抹黑，说要恢复什么"帝制"，看起来幼稚可笑，其实"用心良苦"，无非是图谋诋毁普京，说他要"去民主化"和"帝国化"。中国个别专家学者，似乎对此也津津乐道。

（2017 年 3 月 17 日）

6.美俄关系：特朗普近日说，"如果北约和我们的国家能与俄罗斯好好相处是一件很好的事"。西方媒体评论称，这是两国在叙利亚等问题上存在严重分歧情况下，特朗普向普京释放的善意。我认为，目前美俄关系降到"冰点"，固然有"结构性矛盾"因素的影响，还要放在美国建制派与特朗普"黑天鹅派"殊死搏斗的大环境下观察。

（2017 年 4 月 14 日）

7.目前，国际上有股势力，正在利用叙利亚和朝核问题，多方挑拨中俄关系。中俄都需要警惕，不要被其所忽悠。我有个可能比较天真的想法，在朝核问题上，如果中俄美能有最大公约数的"合力"，不仅有利于三国，有利于朝核问题的解决，其影响将是"时代性"的，有利于改善美俄关系，以及推动联合国发挥中心作用。

（2017 年 4 月 25 日）

五、中印、中韩关系

1.韩国出现"黑天鹅"或"灰天鹅"的可能性仍存在。韩国亲美势力确实很大。但"韩国优先"和反对美国主宰命运的势力也不可小觑。1995 年，时任韩国 APEC 高官的潘基文因金泳三总统需要从大阪行动纲领中取得"灵活性"而努力与我合作，与美国对阵。现在竞选总统的候选人，不同程度上都不赞成或反对在韩国部署萨德。

（2017 年 3 月 18 日）

2. 据韩媒报道，韩国共同民主党前党首文在寅再次重申，关于萨德部署问题，应当推迟由下届政府决定，不能轻易表示赞成或反对。文在寅称，应与中美俄进行充分外交磋商后，做出既维护国家安保又维护国家利益的决定。文在寅日前讲话在萨德问题上确有些"降调"，但因此就认为他态度 180 度转弯，似乎也过于轻断。

（2017 年 3 月 18 日）

3. 韩国即将举行总统选举。我依然认为，韩国并非不可能出现"黑天鹅"或"灰天鹅"。韩国亲美势力诚然很大，美国也在相当大程度上可控韩国，但"韩国优先"和反对美国主宰命运的势力也不可小觑。这类事例不少，美国自己也不像某些人想象得那样自信。因此，"萨德问题"并非"板上钉钉"。我们且拭目以待。

（2017 年 5 月 8 日）

4. 2012 年大选文在寅以 48% 的得票率惜败给朴槿惠，现在终于如愿以偿。他主张"温和的"对朝政策近似已故总统卢武铉。

关于对美国的政策，他在不久前出版的一本书里称，韩国应该学会"向美国说不"。从其经历看，他并非不可能成为韩国的"黑天鹅"或"灰天鹅"，但似乎不太可能成为"白天鹅"。任重道远啊！

（2017 年 5 月 10 日）

5. 我们对文在寅期待什么？把已故总统卢武铉外交政策简单地归结为"疏美亲华"是不符合事实的，他奉行的是"韩国优先"，必要时对美国说"不"，对华友好。现在在谈论文在寅总统时，提出他会不会奉行"疏美亲华"政策，同样不合适，而且多少带有一点挑拨离间的味道。人们期待的是，他奉行独立自主外交。

（2017 年 5 月 12 日）

6. 印度这次没参加"一带一路"高层论坛，确实有点遗憾。说中国不在意，这不影响两国关系，也不现实。但中国并不像印度某些人那样"小气"，不会以参不参加这个会议"画线"。中印合作空间很广阔，不言自明，可谓有千百条理由合作共赢，惠及两国和世界；没多少理由对着干。我对此仍持乐观态度。

（2017 年 5 月 16 日）

六、朝核问题和中朝关系

1. 朝核问题到了该解决的时候了。俗话说："上帝要想让谁灭亡，就首先让他疯狂。"朝鲜不断违反和挑战联合国决议，我行我素，肆无忌惮，国际社会已到了忍无可忍的程度。中国坚持以和平外交手段解决问题，这显然是中国的首选，或者说是上策，但这并不意味着中国没有其他选项，让自己的安全受到核威胁。

（2017 年 4 月 12 日）

2. 朝鲜该醒醒了！继续挑战联合国决议，肆无忌惮，何来安全保障？国际社会不能容忍，美国不能容忍，中国又何尝能容忍？！中国的"底线"也是很清楚的。朝鲜必须面对现实，停止玩火，止步为安。

（2017 年 4 月 14 日）

3. 朝鲜半岛形势目前高度敏感，处于高危时期。所谓"高危时期"，是因为朝核问题到了非解决不可的时候了。各路诸侯都在纷纷亮相，一场舆论战、心理战、威胁战、试探反应战，等等，不一而足。我们千万不要被忽悠了，一定要有定力，坚持底线，争取最好，准备最坏，不战而屈人之兵。朝鲜必须止步为安。

（2017 年 4 月 15 日）

4. 近日，朝中社发文，再次不点名羞辱和威胁中国。网上有"媒体人"借此指责《环球时报》"帮助"美国把美朝矛盾"转化"为中朝矛盾，还说这是中国"霸权主义"的思维作祟。其实，《环球时报》三篇社论说得很清楚，既表明了中国立场，划清了中国底线，也警示了美国和朝鲜，尤其是苦口婆心奉劝朝鲜"刹车为安"。

（2017 年 4 月 26 日）

七、东盟、杜特尔特

1. 近日，香港一家媒体又在说菲律宾总统杜特尔特是一个"反复无常"之人。这一说法，同一个时期以来美日媒体宣传他是"大嘴巴""无定向导弹"，如出一辙。这显然不符合事实。杜特尔特是很有原则的人，是"有定向导弹"。他的"定向"就是独立自主外交，平等互利，不愿被任何人玩弄于股掌之上。

（2016 年 12 月 20 日）

2. 境外有些专家昨日又在谈论所谓东盟经济上靠中国，安全上靠美国。这种论调从一开始就带有明显的制造和宣传"中国威胁论"的图谋，也不符合实际。东盟经济上同美国关系也很密切；军事上同中国也有不同程度的合作。这种论调早该休矣！

（2017 年 5 月 5 日）

究竟要把一个什么样的世界带向 21 世纪
——对世纪之交国际形势的基本看法

摘要：进入 21 世纪后，国际形势与格局发生了深刻的变化，中国外交也面临着新的机遇与挑战。本文以时间为线索，回顾了 20 世纪出现的国际社会主旋律与现象。同时，本文深入洞析了冷战后国际社会依旧不稳定的原因；结合时代的变迁，中国外交在坚持既往政策的同时，也须审时度势，认清形势，调动积极因素，为世界的持久繁荣与和平做出贡献。

中国近十几年来，国际形势和格局错综复杂，正在发生着深刻的演变。回顾一个多世纪以来的人类历史，专家学者们从不同的角度与立场纵论时代的变迁，以及新时代的性质和主题。

国际社会究竟应该怎样审视一个多世纪以来的历史演变和当今的时代呢？

冷战结束后不久，在 1993 年 APEC 领导人第一次非正式会议前夕，邓小平同志在一次内部谈话中提出"究竟要把一个什么样的世界带向 21 世纪"的问题。

在他看来，20 世纪是人类文明进步显著、科技和生产力大放异彩的世纪，也是战乱频发、很不安宁的世纪。20 世纪爆发了两次世界大战，爆炸了两颗原子弹，其他冲突和局部战争不计其数，使这个世界陷入混乱。现在，冷战已经结束，国际关系发生了一些积极变化，但地区冲突和错综复杂的矛盾并没有终结，世界的和平与发展面临着新的严峻挑战。把一个什么样的世界带到 21 世纪，这是当前这一代领导人必须认真探索和解决的重大问题。

邓小平还谈到，到 20 世纪结束还有好几年，我们应该还能有所作为。如果经过我们的努力，克服困难，排除障碍，为人类带来真正的和平与繁荣，那么世界人民将会感到我们做了一件有意义的好事；如果进入 21 世纪后，世界还是呈现出一个乱糟糟的、没有安全感、经济艰难的局面，我们就无法向世界人民交代。作为新旧世纪之交的领导人，历史注定我们要承担这样的责任。

邓小平说这番话是在当时中国领导人出席西雅图会议的大背景下，言辞不多，也没有触及人们常说的"时代特征"和"主要矛盾"。他不是从理论上而是从实践的历史高度、从战略和宏观上概括和总结了 20 世纪的主要事件和问题。显然，他当时关心的，不仅仅是中国的命运，他的心中装着整个世界，装着世界人民的疾苦和希望，装着人类的未来。他的这番话还描述了世界人民对新世纪的基本希望，指出了时代的变迁和世纪之交领导人义不容辞的责任。十几年来，中国新一代领导人没有辜负邓小平的希望与重托。他们承担了"义不容辞的责任"，总结历史经验，抓住新时期的战略机遇，在外交上不仅认真实践，而且勇于创新。笔者观察和研究"时代的变迁和新中国外交"的命题是基于邓小平的上述讲话，也是在中国新一代领导人实践和创新的鼓舞下初步形成的。现在，笔者本着"厚今薄古"和"实践外交学"精神来进一步阐述自己对"时代的变迁和新中国外交"的一些见解。

一、20 世纪前半叶的两大现象及其相互关系

（一）"战争"帮助美国成为"帝国大佬"

经过两次世界大战，"帝国大佬"逐步由"日不落大英帝国"转为"山姆大叔美利坚帝国"。资本主义政治经济发展的不平衡规律，以及由此而引起的"帝国的兴衰"和力量对比的变化，势必导致资本主义世界新的矛盾和斗争（比如，对市场、资源和殖民地的无情争夺，要求重新划分势力范围和瓜分世界，从而导致对抗乃至战争）。两次世界大战本质上皆源于此。在两次世界大战中，美国起初都采取观望和中立的态度，后来趁机参战，取得"最大红利"，并且迅速发展，而英国则逐渐衰落。

（二）"战争"也引起了"革命"，并导致了苏联的诞生

19 世纪末到 20 世纪初，欧洲工人运动和无产阶级革命已在一些国家兴起。第一次世界大战进一步刺激和推动了这一趋势。俄国十月革命的爆发和苏联的诞生就是基于这一背景，抑或这是当时"战争引起革命"的某种反映。

由于苏联的诞生和无产阶级革命兴起，帝国主义国家一片惊恐。它们经过第一次世界大战重新划分势力范围后，力图围堵和扼杀新生的苏维埃政权。第二次世界大战期间，美英等国一度企图把法西斯德国这一股祸水推向苏联，但未能得逞。苏联不仅挺

过来了，而且发展壮大了。二战后，东南欧一批新的社会主义国家成立，新中国诞生，社会主义阵营出现了。

（三）美国要巩固其帝国主义盟主地位，遏制社会主义思潮向全球"泛滥"；苏联要扩大社会主义阵营，大力推动全球反帝反殖斗争

美国凭借它在经济和军事上的领先地位，主导着二战后国际秩序和规则的制定。美国先后打出了三张牌：政治上成立了联合国；经济上建立了个关贸总协定（后来发展为现在的世贸组织），以及世界银行和国际货币基金组织；军事上拼凑了北大西洋公约组织。苏联则苦心经营社会主义阵营，组建华沙条约组织，同时大力扶持民族独立和解放运动。当时所谓的"帝国主义阵营"和"社会主义阵营"就是在这一大背景下出现，而它们的出现，也就预示着，虽然 20 世纪后半叶"人类文明进步显著、科技和生产力大放异彩"，但人类生活的这个世界将"战乱频发、很不安宁"，斗争将十分尖锐。

二、20 世纪后半叶三大主旋律和两大现象

（一）三大主旋律

1. 中国革命的胜利和中华人民共和国的成立，不仅壮大了社会主义阵营的声势，更影响和鼓舞了一个时代的反帝反殖斗争。

2. 民族独立和解放运动风起云涌，一大批亚非国家先后独立，历史性地冲击了帝国主义和殖民主义体系。

3. 和平共处五项原则的诞生和不结盟运动的兴起，对维护民族独立和领土主权完整，以及国际和平，发挥了积极作用；对国

际霸权主义也起到了一定的制约作用。

为了遏制新中国影响的扩大，避免民族独立和解放运动被苏联利用，美国继拼凑北约后，又在亚太地区策划了东南亚条约组织，以及美日、美澳新军事同盟；还打了朝鲜和越南两场战争，但都以失败告终。

苏联支持民族独立和解放运动在二战后初期是具有积极意义的。但后来苏联以老大自居，不断干涉别国内政，走上了霸权主义道路，性质就变了。苏联同美国在全球四处出击，形成了两霸争夺的局面。如果说和平共处五项原则是应对美国和西方国家的冲击，不结盟运动则主要是应对美苏的争霸。

（二）两大历史现象

1. 中国改革开放30多年来的巨大成就表明，苏联解体后，社会主义并没有像西方某些人希望的那样"寿终正寝"，中国也没有像他们所预言的那样"崩溃"。相反，中国挺过来了，站起来了，开始了伟大的民族复兴。今天的中国综合国力已大大提高，"中国因素"和"发展战略"牵动着国际关系和形势发展的方方面面。这是全世界公认的事实。

2. 苏联解体也影响着国际形势的方方面面。有人把苏联的解体等同于社会主义的解体，认为是"社会主义的一大悲剧"。这种认识是不确切和不全面的。苏联的实践和解体至少表明了以下几点：第一，社会主义国家一旦走上霸权主义的道路，也不会有好下场；第二，苏联解体后完全"顺着美国走"，也没有出路；第三，改革和发展模式不能照抄；第四，对中国来说，一个摆脱霸权主义、强大而追求和平与发展的俄罗斯是中国理想的战略合作伙伴，对国际形势的发展和演变也具有重大意义。

三、冷战后世界仍然不安宁的原因

（一）霸权主义和冷战思维作祟

冷战结束了，但霸权主义犹存，只是由"两霸"变成了"一霸"。美国的"新霸权主义"比起美苏两霸争夺时期的"霸权主义"来，有过之而无不及。它仍然以意识形态画线，以社会制度画线，以它们所谓的"普世价值观"画线；它不允许任何国家或国家集团挑战它的权威，它要实现"美国统治下的世界和平"。

（二）美国战略部署的三大错误

霸权主义和错误的战略思想，必然导致错误的战略部署和安排，从而引发新的矛盾和斗争，成为世界动乱的新根源。

冷战结束后不久，美国至少犯了三个重大的战略性错误。

1. 利用"经济全球化"大力推行"美国模式全球化"

这两者并不是同一个概念。前者是一种社会发展趋势。一般说来，指的是，由于高科技特别是信息技术的发展，使得世界变小，日趋成为网络社会和地球村。人与人之间、国与国之间的距离大大缩短，相互联系更紧密，相互依存也更深，在诸多领域出现了"你中有我，我中有你"的局面。但美国偷换概念，强调"全球经济美国化"是不可避免的历史必然。《美国国家安全战略》把它的安全责任规范界定为：在全球范围内确保解决涉及跨国资本利益的最重要的问题，其中包括自由使用他国资源，自由进入他国市场，消除阻止美国资本流动和再生产的一切障碍。美国于1991年炮制的"华盛顿共识"就是很好的证明。这实际上无异于要求世界各国在经济领域全面开放，成为"不设防"的国家和地区，任凭美国和国际炒家的冲击和宰割。1997年东亚金融危机的爆发，在一定意义上，正是美国这一"安全战略"造成的恶果。拉美国家也因奉行"华盛顿共识"而陷入了经济的泥淖。然而，2008年美国爆发的金融危机就是这一战略性错误的"收获"。

2. 违背诺言，奉行北约"双扩"政策

苏联解体和华沙条约组织解散后，北约本已失去存在的依据。更何况，解体后初期的俄罗斯在政治上向往美国的社会制度，在经济上崇尚美国模式，在军事上也步步收敛，同美国签订了大量削减和销毁战略核武器的条约，丝毫没有要与美国抗争的意图。相反，俄罗斯宁愿做美国的一个合作伙伴。然而，美国仍旧不依不饶，步步进逼，挤占俄罗斯的战略空间，执意推行北约东扩政策，吸收了一大批东欧和前苏联国家加入北约，把边界向俄罗斯推进了700－1000公里。

这是十分不明智的举动。美国把一个原本可以成为合作伙伴甚至成为朋友的俄罗斯推向了对立面。叶利钦和戈尔巴乔夫后来都有所反思，指责美国背信弃义。现在，普京和梅德韦杰夫领导的俄罗斯正在走自己的路，试图恢复大国地位，挑战美国的权威。

3. 在亚太地区推行"西进"政策

1996年，美国炮制了一个"日美防卫合作新指针"，把范围扩大到"周边地区"，并计划建立"战区导弹防御体系"(TMD)。这除了有继续控制日本和韩国的图谋外，实际上是将矛头直指奉行与美国"发展合作，不搞对抗"的中国(当然，也包括朝鲜半岛和俄罗斯等周边国家)，这也是很不明智的举动。

冷战结束后，美国尽管国力最为强大，但它的战略性错误和政策行为注定了它不可能成为世界和平的缔造者，相反，却成了"天下还很不太平"的主要根源。

四、"9·11"事件和布什主义

冷战后，相对于人民要求和平、安全与发展的主旋律，新霸权主义显然是一股逆流，而"9·11"恐怖袭击事件则是另一股逆流，使美国措手不及。

"9·11"事件后的第五天，在日本东京举行的一次中美日"二轨"会议的间歇，与会的中国和日本代表都很同情美国的遭遇，纷纷为死难者默哀，谴责恐怖主义的暴行，安慰美国同人，支持共同反恐斗争。一些日本同人私下表示，这次美国世贸中心和五角大楼几千名无辜者惨遭杀害，日本举国从心底里感到悲痛，但同时也不禁联想起往事。这些无辜的冤魂是恐怖主义的受害者，可在一定意义上，他们难道不也是为美国的霸权主义付出了代价吗？正像当年长崎和广岛的悲剧，数十万名无辜的日本人民死于原子弹爆炸，不也是为日本的侵略行为付出了代价吗？虽然这些事件性质不同，没有完全的可比性，但细细想来，这也可能反映了他们内心对霸权主义的不满，同时也是他们对这两股逆流之间关系的一种"解读"和领会。

"9·11"事件给了美国争取和团结全世界反恐一个很好的机遇。但布什政府采取"挟天子以令诸侯"的方式，打着"反恐旗号"，推行全球扩张政策；提出"非友即敌"的口号，奉行"单边主义"和"先发制人"的布什主义；扩大打击面，给伊朗、朝鲜等一系列国家扣上"邪恶轴心""邪恶轴心外围"和"失败国家"的帽子。结果，美国不得不为此付出惨重的代价。美国在国际社会被孤立了，领导与威信丧失了，综合国力开始走下坡路了。世界也因此而更不安宁。

五、时代的变迁和"美国病"

2008 年始于美国的金融危机严重冲击着世界经济的发展，同时也促使国际力量的对比进一步朝着不利于老牌发达国家的方向变化。这种变化大大加速了在当今时代变迁中具有历史性的"量变进程"。

由于经济全球化、信息技术的快速发展和非传统安全威胁的普遍性，世界各国，包括发展中国家和发达国家之间，相互依存度明显上升，在应对金融危机和气候变化以及反恐等诸多领域，国际协作和积极互动明显加强。但与此同时，综合国力的竞争、发展道路的"自主选择"与"反自主选择""变革方向"顺势与逆势的博弈，以及应对各种威胁和挑战的政策取向和利益冲突，特别是维护和反对国际垄断地位的矛盾和斗争，也变得空前错综复杂与尖锐。纵观全局，近几年来，当今时代的变迁至少有四大新的征兆和发展趋势。

（一）两道截然不同的风景线

2008 年初，法国总统萨科奇提出"相对大国时代"的概念。

英国首相布朗和世界银行行长佐利克也先后强调，八国集团和国际货币基金组织等国际机构"必须反映"发展中国家崛起的现实；"富国俱乐部"已不起作用了，必须包括中国、印度、巴西、墨西哥、南非和俄罗斯这类国家。美国的一些有识之士也承认，"现在世道变了"。2009年，日本首相鸠山由纪夫也公开宣称，由于伊拉克战争的失败和金融危机的发生，美国主导的全球主义的时代正在走向终结，"我们正迈向一个新的多极化时代"。

正是在这种情况下，二十国集团应运而生，"金砖四国"(巴西、俄罗斯、印度和中国)以及中、俄、印三边合作机制，印度、南非和巴西三国的"准联盟"等一系列新兴大国组合相继出现。

当然，现在还谈不上发展中国家"风景这边独好"，但它显示的实力和发展方向代表着时代的潮流，反映了世界的主流民意，的确与老牌发达国家"那边的风景"形成了鲜明的对照。法国前总统密特朗说得好：(现在)东方在增长，西方在衰退；西方充满担忧。东方满怀希望。这正是对当今世界两道不同风景线极佳的描绘。

(二)"模式"之争波及全球，引发人们深刻反思

金融危机以来，"美国模式"(所谓"华盛顿共识")遭到国际上的普遍质疑。越来越多的人认为，"美国模式"并非是万能药，它有着难以克服的内在弊病；长期以来，它滋生贪婪，损人利己，现在美国自身也为此付出了代价。有些美国学者也承认，"美国模式"确有值得检讨和反思之处。

中国从不赞成"中国模式"的提法，更反对别有用心的炒作。但"中国速度"的发展确实越来越具有吸引力。越来越多的人(包

括美国某些著名人士）认为，中国的和平发展道路的确有可取之处，它独立自主，按自己的国情规划，调控和适应能力强，速度快，效率高，体现了"社会主义市场经济"的优越性。

（三）国际货币多元化的趋势开始动摇美元地位

经过二十国集团多次较为有效的协调与合作，国际社会在应对金融危机方面已初见成效。但若要最终走出危机，特别是针对金融体系的改革，国际社会仍然任重道远。有关各方切身利益的矛盾和碰撞，以及核心利益再分配的斗争和发展主要表现在以下两个方面：

1. 金融危机的爆发和蔓延已表明，美元的霸主地位已开始动摇，正在受到各方严峻的挑战。最具代表性的三个方面分别是"金砖四国"与海湾国家的主权基金方兴未艾；中国香港、迪拜乃至中国上海正在向国际金融中心迈进；国际储备货币出现了多元化和综合化的趋势：人民币开始了走向国际化的步伐，同中国进行以人民币结算贸易的国家日益增多；隶属"玻利瓦尔美洲国家联盟"的九国决定创立地区货币"苏克雷"以逐渐减少使用美元；伊朗和委内瑞拉等国已经或正在以美元以外的货币进行贸易结算；IMF"特别提款权"也正在酝酿包括其他货币。

2. 金融体系改革已势在必行。目前美国在 IMF 虽然继续掌握"一票否决权"，但发展中大国的发言权和投票权在明显增加。在世界银行，发展中国家的总体投票权将接近 50%，在国际货币基金组织，"金砖四国"总共持有的份额将升至 14.18%，接近一票否决权。作为战略目标和策略部署，新兴发展中大国正在探讨如何逐步迫使美国"让出"必要的份额，或者把需要由85%通过的投票制度改为国际通用的2/3多数，从而改变"一票否决权"的不合理状况。此外，国际资信评估体系也开始出现了多元化的趋势。中国和欧盟相继成立了独立于美国三大垄断性评估公司的国际资信机构，中国大公国际资信评估有限公司不久前还客观地下调了美国的国家信用等级。

（四）美国仍是世界上的"老大"，但已今非昔比

近几年来，这方面的事例很多，如：美国扶持的伊拉克和阿富汗领导人同它所谓的"邪恶轴心"伊朗总统热烈拥抱；巴西拒绝美国干预召开拉美国家同阿拉伯国家的44国峰会；美国提名的美洲国家组织秘书长一再被否决；等等。2010年最有代表性的事件是：美国的重要盟国土耳其在伊朗核问题和巴以问题上同它唱反调，并同一些美国不喜欢的国家靠近；法国与德国同俄罗斯又重新建立了与美国保持距离的"三驾马车"；英国新政府继日本民主党政府于2009年提出要与美国建立"平等的同盟关系"后，提出了要与美国建立"不盲从的"同盟关系（虽然日本2010年的态度有曲折和反复，但要求建立"平等的同盟关系"仍是大势所趋）。这些都是美国的"心病"。美国自己也承认，它现在已无力单独解决国际重大问题了。这实际是美国的"指挥棒"失灵了。

六、"美国病"的诊断和药方

近几年来，美国一些知名的专家学者，包括新保守主义思想家们和新现实主义学者都忧心忡忡，纷纷议论当前国际形势的变化和美国的处境，为"美国病"寻病因，探出路，出谋划策。他们的有些观点比较相似，那就是承认美国"一超独霸"的辉煌时代已是"明日黄花"。美国在全球的领导地位正在衰落，单边主义再也行不通了。但他们对产生这种局面的"病因"和治疗前景，在很多方面意见相左，甚至大相径庭。

有学者认为，"病因"主要是布什政府奉行了"扩张性甚至侵略性的全球政策"，企图"按照自己的价值观塑造世界"。但他太倚重于"硬实力"，轻率地发动伊拉克战争，以至于造成如今这种难以收拾的局面。也有学者认为，"病因"主要是"反恐"的扩大化和以"反恐"画线，即"不是站在美国一边，就是站在恐怖主义一边"。结果让中俄印等潜在对手趁机发展壮大起来，开始挑战美国的权威。结果，把一个"美国一统天下的时代"，让位于美国不得不"分享权力的时代"。更有学者认为，"病因"主要是"我们生活的这个时代变了"。"与其说是美国的衰落，不如说是印度、中国、海湾国家以及其他重要力量的兴起"，这些国家的兴起，正在改变着国际力量对比。美国现行的错误政策，只不过是当今时代变迁的一种"催化剂"；布什总统一意孤行的战略只是进一步"加速了美国影响力的衰落"。

由于对美国"病因"诊断不同，"药方"当然也很不一样。

1. 以罗伯特·卡根为代表的美国新保守主义思想家们认为，"民主政府和专制政府之间的全球竞争将成为 21 世纪的主要特点"，世界将再次被一场大规模的两极意识形态斗争所撕裂。鉴于中国和俄罗斯是这个"专制制度"体系的旗手，美国应未雨绸缪，筹组"民主国家同盟"来予以应对。

2. 以美国众议院前议长纽特·金里奇为代表的新保守主义思想家们认为，当前有"五大战略威胁"正在逼近美国，首当其冲的是中国，其次是俄罗斯和伊斯兰"狂热势力"。以及"失败国家"对大规模杀伤性武器的图谋等。美国必须把挫败这些威胁作为国际战略和政策的出发点。

3. 以《新闻周刊》国际版主编法里德·扎卡里亚和著名学者弗朗西斯·福山（他自称是经过反思从"新保守主义思想家们"阵营"变节"出来的）为代表的一些人认为，现在世道变了，"全球化所释放的力量正在形成一个使美国受到更多制约的世界"，"多极化体系已经出现，这正是主宰今天这个世界的现实"。美国"最好学着如何顺势而为，别总以为它可以阻挡潮流"。他们还认为：今天的新兴强国（主要指中国和印度）都相对温和，同历史上崛起的帝国不一样；俄罗斯也无法和"历史上的侵略者"相提并论；伊斯兰狂热分子只是 13 亿穆斯林人口中的极小部分，成不了气候。美国不应用冷战思维来观察和处理问题，夸大它们的威胁。美国"需要更有想象力的多边主义"，并让这些新兴大国成为国际规则中"利益攸关"的合作者。

4. 还有一个"巧实力战略"处方。美国国际战略研究中心发表的一份报告称，"能通过对外战略转型，帮助美国摆脱当前困境、重振全球领导地位"。这个报告的一位牵头人是前副国务卿阿米蒂奇。另一位是前国防部副部长约瑟夫·奈。他们提出，美国应该采取一种"更聪明的战略"。从"硬实力"阶段，到"硬实力"与"软实力"结合时期，再进化到以"巧实力"取胜，从而"提高美国国际行动的合法性，巩固美国的全球领导地位"。这个药方强调要处理好几对矛盾。特别是软实力和硬实力的平衡，意识形态和现实利益的平衡。该战略的目的是"修正目前走偏了的外交政策路线"，摆脱顾此失彼的被迫局面，重振美国的霸主地位。这个药方给出的一个"药引"是：美国要表现得"更加宽容"，要投资世界的善事，要满足他国人民和政府的需要，也就是奉劝美国要做一个"仁慈的霸主"。

很显然。前两服药方是"冷战思维"的产物。如果美国政府采用，无异于饮鸩止渴，既会破坏世界和平与发展大局，给人类带来更多的灾难，也将加速美国霸权地位的衰落。后两服药方都有可取之处。在一定程度上，既有利于缓和国际局势，也有利于改进美国的国际形象和地位。但遗憾的是，这两服药方都念念不忘维护美国在国际上的"领导地位"。因此，只能治标，不能治本。现在奥巴马总统所谓的"外交新政"，从目前来看，与后两服药方较为一致，但更偏重于维护美国的全球"领导地位"。2010年，从天安号事件到南海问题，从日本政局到东盟系列会议，美国的高调介入，无不与此有关。

那么，当前的"美国病"究竟应该如何诊治呢？杜鲁门总统早在1945年联合国成立时就公开告诫，今后，不论美国多么强大，在任何情况下，都不可以为所欲为。杰弗逊总统也有遗训告诫，不要试图将美国的价值观强加给其他国家，美国也不应盲目地卷入海外事务。他强调"战争是要努力避免的最大邪恶"，它"既是对受害者的惩罚，也是对惩罚者的惩罚"，当年"冷战"的始作俑者、美国外交的元老乔治·凯南也曾以切身的体会奉劝美国政府，"最好把对领导世界的可能性的梦想和愿望缩小一点"。

如果奥巴马总统和他的智囊团能重温美国先贤的这些遗训，他们兴许能找到更好的药方：

第一，必须看清，时代的变迁是以人们的意志为转移的客观事实。奥巴马总统或许能重整美国的雄风，但他改变不了时代的变迁。近 20 年来，发展中国家的兴起正在改变着国际力量的对比。它们并不要求重新瓜分势力范围，而要求建立公平、公正和平等的伙伴关系，实现和平、发展和合作共赢。

第二，必须放弃"美国统治下的世界和平"这一不切实际的想法，以及与之相伴的所谓美国的"普世价值观"，同时坚决摒弃"冷战思维"。尊重发展模式多样化和国际关系民主化，采取"合作共赢"和"平等相待"的方针。

第三，发挥美国在高科技和创新等诸多领域的优势（包括在价值观方面某些可取的理念），联合新兴国家，扶助弱小，做一个"好善乐施的强国"，共同应对恐怖主义等非传统领域的挑战，共创一个安宁与和谐的世界。若如此，在一个很长的历史时期内，美国仍将是这个世界的一流强国，世界的和平与发展就更有希望了。

七、总结

在谈及新中国外交时，有三点必须牢记：一是需要有历史唯物主义观点；二是对待争议问题，不宜过早下结论；三是要冷静和实事求是地认清中国的身份。

60 多年来，新中国外交基本上是沿着这样一条线发展而来：从"一边倒"和"反帝反殖"到"反帝反修""反两霸侧重打击苏联"(所谓"一条线"）及"反对霸权主义和强权政治，维护世界和平"。在这其中，贯穿始终的是独立自主的和平外交战略，目标是争取和平的国际环境。中国特色的"软实力"一直非常鲜明：提倡、主张和坚持"和平共处五项原则"。21世纪初，随着时代的变迁，"中国特色"进一步升华，战略目标是"和谐共处"与"合作共赢"。

60多年来，新中国外交的理念有很多可圈可点之处，至今仍具有强大的生命力。如：20世纪50年代提出的"和平共处五项原则"以及"求同存异"政策；20世纪60年代在边界问题上"互谅互让"方针以及"退避三舍，先礼后兵"政策；20世纪80—90年代在有关岛屿争端问题上，提出"搁置争议，共同开发"的主张；在同敌对势力斗争方面，遵循"有理有节"原则；在维护国家主权和领土完整方面，坚持"绝不吞下这颗（敌对势力给的）苦果"的立场，等等。

改革开放30多年来，"中国速度"的发展和综合国力的大幅提高，确实是当今时代变迁的一大亮点。中国的国际地位和形象正在发生历史性的变化，"中国因素"将进一步牵动国际形势和国际关系的走向。

现在，对中国的"颂歌"正在从四面八方飘来。其中既有祝福和鼓励，也有国际弱势群体的期盼；既有老牌发达国家的无可奈何甚至嫉恨，也有国际新保守主义思想家们别有用心的"捧杀"、抹黑和挑拨离间。面对这种形势，中国现在更需要谦虚谨慎，保持清醒头脑，绝不能陶醉于"赞歌"，高枕无忧。因为这些言论不符合中国仍然是"社会主义发展中大国"的身份，也没有认清当今"时代的变迁"尚处在量变过程，国际力量对比还没有发生

质的变化。忘记了中国的国家属性与和平发展的大政方针，实际
上是一种浮躁情绪的表现，很容易被"中国傲慢论"和"国强必
霸论"所利用。

对于中国的真实身份，温家宝总理最近在联合国大会的一次
讲话中实事求是地回答了这个问题。中国 GDP 总量名列世界前茅，
但中国的人均收入只相当于美国的十四分之一、日本的十分之一。
在世界各国的人均 GDP 排名中，中国也只排在 100 位以后，还赶
不上很多发展中国家。美国和日本的贫富差距虽然很大，但它们
是在高水平上的差距。中国即使在低水平上，贫富差距也大大超
过美国和日本，位列世界前三。所以，中国要赶上发达国家，仍
然任重道远。

因此，中国要抓住机遇，迎接挑战。在外交上必须做好两件事：

第一，一定要坚持"韬光养晦"战略，增强"有所作为"意识。

"韬光养晦"和"有所作为"并不对立，而是辩证的统一，
不可割裂。前者是矛盾的主要方面，后者也与之紧密相连。

若过分强调"韬光养晦"，消极地理解和执行，中国容易在
国际上被"边缘化"，这不符合中国独立自主的和平外交政策。
随着综合国力的提高，中国在国际上"有所作为"的分量也要相
应增加，但如果过分强调"有所作为"，热衷于在国际事务中起"领
导"作用，热衷于"富人俱乐部"的成员地位，那就可能引起本
可避免和不必要的对抗，从而影响乃至破坏"韬光养晦"的大局。
"韬光养晦"的实质就是要"借"国际环境和平与发展的"光"，
"借"经济全球化迅速发展的"光"，"借"高科技无国界迅猛
发展的"光"。如果不明白这一点，中国就很可能丧失需要的"光"，

"养晦"也就无从谈起。

这里需要强调的是，邓小平在提出"韬光养晦"和"有所作为"的同时，还强调要"不称霸"。即使将来中国强大了，也永远不称霸，不搞集团政治，不干涉别国内政。过头的话不讲，过头的事不做。既不为外部的挑动刺激而锋芒毕露，也不为一些不切实际的赞扬或捧场而飘飘然。这样，中国就可以集中精力建设国内经济，在国际事务中始终保持较大的主动权。

第二，一定要努力推动"建设和谐世界"的理念，以及与之相关的大政方针。

胡锦涛主席于 2006 年 9 月在联合国成立 60 周年首脑会议上提出了"建设和谐世界"的倡议，具有鲜明的时代性和针对性。

冷战结束后，世界存在着实现和谐的普遍需要和一定的客观条件，出现了历史性的新机遇。但残酷的现实令人不安和失望。"建设和谐世界"的理念，正是在这种情况下应运而生。这是中国新一代领导人最新的外交实践，是"中国特色软实力"在新时期的发展，也是历史的总结和对世界前景的展望和追求。

"建设和谐世界"的核心是"和谐共处"。"和谐共处"相对于"和平共处"更上了一层楼。它是"和平共处"的继承和发展，是 21 世纪一面新的旗帜，有利于争取和调动国际上一切积极因素，应对时代各种不同的逆流与不和谐，为实现世界持久和平与共同繁荣而奋斗。

"建设和谐世界"，并非权宜之计或功利主义，也不是一种速成的主张。它绝不是一两代人可以完成的，它需要世世代代的潜心探索和艰苦奋斗，其间充满着不以人们意志为转移的矛盾和斗争。就当前和可以预见的未来而言，为了推动"建设和谐世界"，中国外交需要坚持和强调：世界各主要大国，特别是联合国安理会常任理事国，都要做"负责任大国"，带头并共同遵守《联合国宪章》的精神和公认的国际关系准则；大小国家一律平等，国际关系不应以意识形态或国家制度画线，也不能以贫富差异或政策不同画线；努力促进国际关系民主化，以及国际社会的公平与公正，提倡平等的伙伴关系；尊重发展模式多样化，承认各国有权选择自己的发展道路，相互借鉴和取长补短，反对唯我独尊和一个模式盖天下。不仅如此，还要努力推动经贸关系互利化，寻求共同发展，合作共赢，提倡文化关系包容化，相互尊重和学习。世界各国有着不同的文化和历史传统。不能用一种价值观来统领一切。价值观既有共性，也有特性。中国应接受共性，并用自己的特性去丰富它；也要承认和尊重特性，并在自愿的基础上，用共性去丰富和发展它。

只有这样做，中国才能为时代的变迁做出有益的贡献。

（2012 年 2 月 24 日）

中国外交的传承与创新发展

今年初春，习近平主席即首访俄罗斯，与普京总统共同把双方"战略对接"推向了更深更广的层次。习近平明确指出，中俄之间的关系是世界上最重要的一组关系，更是最好的一组大国关系。一个高水平、强有力的中俄关系，不仅符合中俄双方的利益，也是维护国际战略平衡和世界和平稳定的重要保障，为国际秩序和国际体系朝着公正合理的方向发展提供正能量。这番话既高屋建瓴，又切合实际，得到普京的高度赞同。

环顾全球，这一年，中国同上海合作组织关系显然"更上一层楼"了，在打击三股恶势力、防止恐怖主义祸水"东移"方面更加有力、更加务实。中国同中东欧关系已出现全新的局面，"16+1"领导人会议和合作已稳步启动。中国"一带一路"倡议正在受到广泛欢迎和因地制宜的对接。

继英国在发达国家中率先加入"亚投行"后，习近平于10月对英国进行了一次"超级国事访问"，开启了中英交往新的里程碑。紧接着，荷兰国王、德国总理和法国总统也相继访华。对此，举世瞩目，认为今年中国全方位外交可圈可点，在全球各个地区和周边，都不同程度地开创了新局面。事实也确是如此。

中国同东南亚国家关系，尽管有域外不甘寂寞的国家和个别域内国家时不时地同中国闹腾一下，煽点风，点把火，让中国"不舒服"，使太平洋不那么"太平"，但并无碍大局。中国坚持有关方面和平对话和双轨制解决问题方案，正在并将继续发挥"正能量"；中国同东盟关系继续迈向新的台阶，中国东盟"10+1"自贸区更是走在"自贸区＋"的道路上。中国还同韩国以及邻近东南亚的新西兰和澳大利亚签订了双边自贸协定。

至于南亚，尽管域内外个别国家蓄意挑拨离间，中国和印度关系今年仍然稳步发展，印度总理莫迪成功对中国进行了友好回访，就构建两国更加紧密的发展伙伴关系达成重要共识，为中印关系的发展指明了方向，也为两国执法合作注入了强劲动力。今年11月，两国决定建立高级别安全和反恐会晤机制。明年上半年，中国公安部将派部级代表团访问印度，举行第一次部级年度会晤。在恐怖主义日益猖獗的年代，中印在这方面的合作，意义深远。巴基斯坦同中国全天候的友好关系，使敌对势力连挑拨的空隙都没有。斯里兰卡和缅甸政府换届，对与中国的双边关系产生某种影响，这很正常，企图趁机挑拨，只能暴露有关方面的无知与冷战思维。斯里兰卡总统亲自对中国领导人说，有的合作项目出了点问题，这不是中国而是它们方面的责任，是暂时的。昂山素季也对"拉近乎"的希拉里直言不讳：我们也是要发展缅中关系的。这些话，它们难道充耳不闻吗?!

中国—拉美和加勒比国家共同体论坛首届部长级会议1月在北京举行，"拉共体""三驾马车"的国家总统都到会。习近平出席开幕式讲话强调，这次会议的召开，向世界发出中拉"深化合作、携手发展"的积极信号，并对促进南南合作和世界繁荣进步，产生重要而深远的影响。5月，李克强总理访问拉美四国，进一步推动和落实相关合作，特别是启动从巴西到秘鲁的两洋铁路可行性研究，引人注目。

非洲是一颗正在冉冉升起的新星。年终，在南非举行的中非合作论坛峰会，明显开启了中非共同发展的新时代。习近平的系列讲话和会见，全面阐述了新形势下中国对非洲政策的新理念、新主张、新举措，为"中国梦"和"非洲梦"战略对接描绘了可行的方向。

中国也十分重视开展对美国关系的新局面。今年以来，一直以极大的耐心向美国释放善意，希望两国相互依存关系能舒服一点，更舒服一点。而且，做了大量的争取工作，包括相应的"互让"和"给力"，希望中美"新型大国关系"能逐步建立起来。由于中国的主动，也由于美国与中国"无可奈何要合作"的处境，这一年来，中美关系在经济、军事、人文和气候变化等诸多方面显然取得了来之不易的发展。但美国心灵脆弱，念念不忘所谓中国将挑战它的霸权地位，一直在对中国"两面下注"，而且，今年的"负面下注"明显增加，在南海等问题上不断对中国放狠话，进行搅局，并伴有挑衅行为。其实，美国本也可以像英国那样同中国发展"朝气蓬勃"的关系。中美在经贸领域也是你中有我，我中有你，相互依存度也相当高。问题出在哪儿？这不仅是"利相交"的问题。英国懂得时代的变迁，美国不太懂，误以为中国"更有求于美国"。美国新保守主义理想家们认为，这种局面是中国对美国的"牵制战略"造成的。其实，这主要是在给美国提个醒：如何读懂时代的变迁和国际力量对比的变化？美国能否为自己寻找一个新的定位？

国际上一直存在两种似乎亘古不变的规律：一是"弱国无外交"，二是"国强必霸"。中国的实践表明，并非都是这样。中国过去处于相对弱势时，也仍可"四两拨千斤"，把外交搞得有声有色。现在成了"世界老二"，中国站在历史唯物主义高度，强调要努力构建"不冲突，不对抗，合作共赢，相互尊重"的"新型大国关系"，提出了一系列顺应时代潮流的外交理念和创新发展。国际舆论（包括美国某些新保守主义理想家们）普遍注意中国的三个"永不"（永不称霸、永不扩张、永不谋求势力范围）、"一花不是春，孤雁难成行""志同道合，是伙伴。求同存异，也是伙伴。朋友多了，路才好走""平等互利＋义利观"，以及"周边是安身立命之所，发展繁荣之基"，等等。美国一些对中国谈不上友好的顶级专家，现在也开始反思和对比中美的差异和长短，对美国要领导世界 100 年提出质疑。"中国贡献""中国智慧"和中国外交"创新发展"，已成了国际媒体的常用词。

（2015 年 12 月 15 日）

世界要读懂美国，美国更要读懂世界

随着美国大选序幕拉开，美国国内，特别是新保守主义理想家们对奥巴马外交的指责也明显增加，批评他任内外交上"摇摇摆摆""少作为""不作为"和"软弱"，等等。其实，奥巴马真是有点冤枉，有时我不禁对他同情：很多事，非他不为也，是不能也。关于美国必须有"主导权""制定规则权""绝不做老二"，以及还要"领导世界100年"，等等，他说得还少吗？但那又怎样？小布什可谓强势总统，甚至说美国的权威"高于联合国"，结果又怎样？形势不饶人啊。

四年前，我曾写了两副对联送给美国，实际上是两幅漫画。为了更逼真，更符合实际，几经修改，现在似乎比较成熟，特借媒体奉送给美国和关心美国和世界形势的朋友们参考。总体上看来，美国现在是"无可奈何花渐落，情不自禁苦争春，力不从心"，对中国则是"无可奈何要合作，情不自禁图遏制，两面下注"。

今年的国际形势和美国的外交实践，在很大程度上说明，我没有瞎说。实际上美国一些明智的专家学者也与我看法相似。他们提出美国"何苦全世界到处寻找敌人"？他们认为，中美能否摆脱对抗风险，"从根本上来说，美国必须重新思考对主导权的定位"。美国一位专家说得好："世界正在变化——中国兴起无疑是这种变化中的一部分——这些变化让美国有些紧张、害怕。我们比较习惯于我们是世界上最强大的国家。但现在美国在力量对比中变弱了。人们将此归罪于领导层，以为如有强势领导，也许可以重返最强大的时候。这实际上是做不到的。"这些话可以说是语重心长，是在帮助美国寻找一个新的世界定位。但可惜，美国要"建立美国统治下的世界和平"的思想太强烈，一直自觉不自觉地在"让浮云遮望眼"，没能读懂时代的变迁，不知天高地厚，总是"有一股如传教士般的冲动，希望以自己的形象为模板改变其他国家"。

其实，这个世界并不如美国想象的那样，更不是"到处都是敌人"。世界潮流浩浩荡荡，顺之者昌，逆之者衰。发展中国家大面积兴起已是不争的事实，新兴经济体对世界经济增长的贡献已超过50%。正像欧洲一位前领导人说的，现在任何重大问题，没有中国、印度和巴西这样的国家参加，都不可能解决。

环顾全球，没有几个国家不想同美国搞好关系、发展关系。G20集团内与G7对话的主力"金砖五国"都希望同美国合作。俄罗斯在叙利亚反恐，也一再向美国伸出合作之手。中国更是这样。关键是美国没找好自己合适的定位，仍然违背杜鲁门总统的遗训而我行我素。

中国一直站在历史唯物主义高度，从现实主义需要出发，不断向美国释放善意，希望两国的相互依存关系能舒服一点，更舒服一点。过去一年，中国做了大量的争取工作，也有相应的"互让"

和"给力"，希望中美新型大国关系能逐步建立起来。由于中国的主动，也由于美国与中国"无可奈何要合作"的处境，这一年来，中美关系在经济、军事、人文等方面显然取得了来之不易的发展。但美国心灵脆弱，念念不忘所谓中国将挑战它的霸权地位，一直在对中国"两面下注"，而且，今年的"负面下注"明显增加，在南海等问题上不断对中国放狠话，进行搅局，并伴有挑衅行为。习近平访美前，美国要中国送的"礼品"可不少，而且是"指定"和"限期"的。这也太一厢情愿了。

美国本也可以像英国那样同中国发展朝气蓬勃的关系。中美在经贸领域也是你中有我，我中有你，相互依存度相当高。问题出在哪儿？这不仅是"利相交"的问题。英国懂得时代的变迁，美国不懂。英国上院议员梅格纳德·德赛说得好：美国，应学会享受（相对）衰落……尽快转身，享受下坡过程中的风景。

2015 年已经过去，人们不禁都在问，英国和欧洲，以及加、澳等美国众多盟友都在开创与中国合作新局面，为什么美国不能？美国新保守主义理想家们认为，这是中国对美国的"牵制战略"造成的。其实，这主要是在给美国提个醒，应如何读懂时代的变迁和国际力量对比的变化。美国能否为自己寻找一个新的定位？"苦争春"的美国将何去何从？

（2015 年 12 月 31 日）

第二部分
如烟往事

我与女总统及其家族的情缘

一个电话使我彻夜难眠

1996 年 4 月，我同一些外国朋友以及我国驻外大使，正在黄山与当地领导探讨开展友好城市和扩大贸易往来的可能性，并欣赏那里诱人的初春景色，忽然接到外交部有关部门的电话，通知我说，斯里兰卡（1972 年以前叫"锡兰"）总统库马拉通加提出，在对我国进行国事访问期间，希望能有机会见到我，现已安排在 22 日中午，要我及时赶回北京。

这时已是 20 日夜里，我只好收拾行装准备次日回去。提前离开我深深爱着的故乡黄山，确是一件憾事；但能见到与我个人有着特殊经历和感情的友好国家的总统，也真是一大快事和荣幸。

22 年了，她怎么还能记得我这个很普通的外交官？！

一个电话，引起我很多的回忆和感慨。我一向是个很容易入睡的人，几乎是落枕就着。可是这一晚我彻夜难眠。我不禁想起我同初婚不久的妻子第一次到达锡兰的情景，想起女总统的父亲所罗门·班达拉奈克是如何倒下去的，想起她母亲班达拉奈克夫人如何毅然走出厨房从政，想起周总理和宋庆龄同她父母的友谊，想起我国佛牙在锡兰受到欢迎的动人场面，想起"格瓦拉叛乱"曾经带来的困扰，想起我妻子陈依弥同她母亲的亲密关系以及后来不幸逝世于斯里兰卡的悲伤情景……

这一幕一幕、一点一滴都凝聚着中斯两国和两国领导人之间的深厚友谊，也反映着我们夫妇个人同库玛拉通加总统及其家族的情缘。

一开始就沉浸在友谊之中

我和陈依弥同志结婚不久，便被调往筹建驻锡兰使馆的工作。1957 年 5 月，我们作为第一批外交官，随同我国首任驻锡兰大使张灿明，经香港乘"维多利亚号"游轮，到达锡兰首都科伦坡——我们外交工作的处女地。

锡兰的风光着实迷人，但锡兰人民向我们展示的两大朵历史性的友谊之花更使我们激动，使我们忘记了将近九天的漫长旅程带来的疲劳。

从港口码头到我们的临时驻地，不断看到锡兰老百姓向我们伸出大拇指，用非常简单朴实的语言，连声欢呼："周恩来！""中国大米！"我们因熟悉情况，也伸出大拇指呼应说："班达拉奈克！""锡兰橡胶！"

所罗门·班达拉奈克是库玛拉通加总统的父亲。他 1956 年出任总理后开始调整外交政策，改变了政治上对社会主义国家怀疑和不友好的态度。1957 年 1 月 31 日至 2 月 5 日，周总理和贺龙副总理应他的邀请访问锡兰。2 月 5 日两国总理发表了联合声明强调：

两国将遵守并促进实施万隆会议关于各国共处和合作的各项原则；反对敌对性军事集团，支持裁军；加强亚非国家团结；反对帝国主义和殖民主义的侵略和扩张；主张国际争端应通过相互谅解和和平谈判求得解决；支持埃及和西亚地区各国人民按照自己的意志决定自己的命运，反对强权政治的延续和强国填补真空。访问结束后，2月7日中锡两国正式宣布建交。从此，两国关系开始了崭新的一页。

访问期间，给群众的印象最深、后来传为佳话的是，周总理在庆祝锡兰独立九周年的大会上发表讲话时，忽然下起大雨来。出于友好的爱护，工作人员立即为周总理撑起了伞，但周总理婉拒了，说数万群众听他讲话，遇大雨而不散，几乎都没用伞，他不忍心独享特殊待遇。见此情景，在场的锡兰领导人和会场有伞的群众也都把伞收了起来，群众情绪立即高涨，很多人欢呼："周恩来，伟大！""周恩来，真了不起！"我们正是在这一百天之后到达锡兰的。锡兰人民不断伸出大拇指欢呼"周恩来"，把周总理和班达拉奈克的名字联系在一起，我想，除了政治上肯定他们对两国友好关系的伟大贡献外，显然也带有浓厚的感情色彩。

"中国大米"和"锡兰橡胶"在锡兰是有口皆碑的事。朝鲜战争爆发后，1952年（当时两国还未建交），锡兰政府冒着很大风险，冲破美国对我国的封锁禁运，毅然同我国签订了大米与橡胶易货贸易协定，大大缓解了我国的燃眉之急。我国也以优惠价格及时向锡兰提供了他们急需的大米。"患难见真知"。此后，长年累月，大米和橡胶一直紧紧地把两国人民的生活和他们的心联系在一起，为两国在新的历史环境下的友好关系奠定了坚实基础，人人称颂。

以上这两个真实的故事，犹如两朵友谊之花，盛开在20世纪50年代冷战和地区热战交织以及反帝、反殖和民族独立运动蓬勃发展的时期，至今人们仍记忆犹新，难以忘怀。它是开不败的，永远激励着两国人民友好互助、情同手足。正是由于这两朵鲜花的开放，我们一踏上锡兰国土，就沉浸在友谊之中，很多事办起来都比较顺利。我们的大使破格提前呈交了国书，我们的馆址和住处很快得到了解决。连我们的孩子在首都一家医院诞生后也备受欢迎和照顾，医生和护士都主动打电话到使馆祝贺，说锡兰又增添了一个"中国小朋友"。为了纪念我们在锡兰的工作、生活和友谊，几年后我们就把新诞生的女儿取名为兰涛。

历史的讽刺与悲剧

1959年9月，我国武汉杂技团首访锡兰，我作为联络兼翻译，全程陪同。杂技团精湛的表演艺术，特别是著名演员夏菊花的咬花柔软体操表演轰动了全岛，吸引着千万观众，场场爆满。锡兰各大报刊竞相追踪报道和评论。锡兰群众虽不狂，但好似已醉，每天排队买票的队伍总是长长的，络绎不绝。

正在这十分欢乐和"等待下一场表演"的时候，9月25日，忽然晴天霹雳，传来意想不到的噩耗：班达拉奈克总理被一个大和尚枪击，身中数弹，生命垂危，正在医院抢救。

班达拉奈克是一个虔诚的佛教徒，每遇高僧，他总是要行90度以上的朝拜礼或跪拜礼，以示尊重。这一天，正当他行朝拜礼抬身时，被朝拜的大和尚在近距离从黄袍袈裟内开枪，向他胸部连击，班达拉奈克立刻倒在血泊之中。在医院经紧急抢救无效，班达拉奈克于次日与世长辞。他万万没有想到，一个佛祖的忠实信徒竟然被佛祖的"代表"——一个高僧杀害了，而且是选择在朝拜后者的时候，这真是历史的讽刺和悲剧。

其实，事件并非出自偶然。它是有明显政治背景的，是有预谋的。

班达拉奈克出身于名门贵族，英国牛津大学法律系毕业，获伦敦内殿法学会高级律师资格，曾在英国殖民政府当过部长。他早在留学英国期间，就开始表现出爱国主义热忱。据传，他为表示反殖民主义的决心，曾当众焚烧了他身上穿的西装，改穿民族服装。他出任总理后，一改过去政府的亲英政策，对外奉行和平中立、反对殖民主义的外交政策，维护民族独立和国家主权，与中国和苏联建立外交关系。对内实行国有化政策，把外国人的橡胶园和茶叶种植园收归国有，撤除英国在锡兰的军事基地。英国和亲英势力视他为"叛徒"，必欲除之而后快。一切有普通常识的人都知道，宗教徒可能是一片赤诚，但宗教势力同社会经济利益是密不可分的，也不可能同政治无缘，少数宗教界败类也可能被收买而干出不可告人的可耻勾当。班达拉奈克被暗杀的悲剧正是在这一背景下发生的。

我当时是使馆的一名职员，主要是从事调查研究工作，见到班达拉奈克的机会不多，但工作的性质从一开始就把我同他这位锡兰的爱国主义领导人的思想和活动联系在一起。他被刺身亡以前不久，我曾有幸在总理府花园（TEMPLE TREE）见到他一面。当时铁托总统来访，班达拉奈克为他举行盛大招待会。我作为张大使的翻译，第一次出席这样的场合，颇有一点兴奋。但更令我神往的是周总理的新朋友——班达拉奈克本人。他身材瘦弱、矮小，双目炯炯有神，语言简练、明快，动作敏捷、果断，对人十分和蔼可亲。他同张大使谈话时十分强调与周总理的友谊，以及他对新中国的敬仰，说他邀请铁托访问表明，锡兰一定要走不结盟的道路，赞同和平共处五项原则。没想到这竟是我第一次，也是最后一次见到这位锡兰伟大的爱国者。也没想到，后来他的妻子和女儿先后做了总理和总统，我同他的家族中很多成员建立了更加紧密的联系。两国关系也发展得更快、更好。

为了对班达拉奈克被害表示沉痛的哀悼，杂技表演全部停止了，使馆的国庆招待会也取消了。班达拉奈克安葬的那一天，我们大使馆的很多同志也都不禁洒下了同情的眼泪。

班夫人走出厨房，毅然从政

一个伟人倒了下去，另一个更坚强的女人站了起来。

西里玛沃·班达拉奈克（我们内部亲热地称她为"班夫人"）原是大家闺秀和家庭妇女，从事一些社会活动，曾担任锡兰妇女协会主席。她丈夫被害后，在全国人民的广泛要求和支持下，她毅然决定走出厨房从政。1960 年 5 月她出任自由党主席，7 月该党在大选中获胜，她随即出任总理，直至 1965 年。1965 年至 1970 年她担任反对党领袖。1970 年她再次出任总理，直到 1977 年。

执政期间，班夫人继承夫志，但又不拘一格。在内政外交以及同我国关系方面都大大向前迈进一步。

对内，她积极发展民族经济，实行激进的民主改革，对英国种植园和英、美石油公司实行国有化。同时，开展粮食生产运动，争取国家粮食自给自足。为此，她实行土地改革，推行土地限额，自己率先交出了 3000 英亩土地。

对外，她坚决奉行不结盟政策，反帝反殖，先后五次参加了不结盟国家首脑会议，同铁托、纳赛尔等领导人建立了十分紧密的关系，对不结盟运动起了积极的推动作用。她明确批评美国，要求美国停止对越南的侵略，反对美国扩建迪戈加西亚军事基地，拒绝"美国之音"在锡兰建立转播站。她虽赞扬苏联的经援，但对其扩张政策也表示不满，曾谴责苏联侵略捷克。她拒不执行两国渔业协定，私下对人说，苏联不是要来捕鱼，而是要来"浑水摸鱼"。她坚决废除了殖民主义宪法，成立了共和国，结束了同英国的自治领关系。

在她两次执政期间，同我国的关系有了较大的发展。她先后三次访华。周总理和陈毅元帅，还有宋庆龄副委员长，1964 年也先后访问锡兰。班夫人非常尊敬和钦佩周总理。她多次称赞我国对锡兰的经援和贸易上的照顾。对我国援建班达拉奈克大厦尤为感谢，称它是"从中国获得援助、同情、谅解的无与伦比的范例"。她 1972 年访华后，进一步加深了对我国的了解和信赖，回国后多次谈要学习中国自力更生精神和建设国家的经验。她还说，中斯关系是"友好合作的范例，国与国关系的榜样"。

在班夫人 1962 年和 1972 年两次访华期间，我妻子陈依弥有幸参加接待工作。1964 年，陈依弥又作为宋庆龄的生活秘书兼翻译陪同访问锡兰。她亲身经历了两国领导人之间的友好往来，并同班夫人多次接触。她私下对我说，班夫人真是个了不起的女人，堪称锡兰的"巾帼英雄"，在哪一方面都不比老班达拉奈克逊色。

迎佛牙以超元首之礼

佛牙是佛教的圣物。对于佛教徒来说，见佛牙如见佛祖，是一生最大的荣幸。锡兰是个以佛教为主体的国家，广大佛教徒急切盼望瞻仰中国珍藏的佛牙。考虑到这一强烈的愿望和班夫人政府的要求，周总理亲自批准组团护送佛牙到锡兰供瞻仰。那是1961年6月，以喜饶嘉错为团长、赵朴初为副团长的护侍佛牙代表团乘专机飞往锡兰。

佛牙抵达的当天，锡兰全国放假，班夫人率领全体内阁成员，还有总督——英国女王的代表，一早就提前到机场恭候，机场内外，人流如潮，几乎是水泄不通。我们夫妇随同张大使和使馆人员也在贵宾室陪同恭候。

这时，锡兰空军已做好准备，载运佛牙的专机一进入锡兰领空，六架飞机立即飞迎护卫。飞机落地停稳后，机门开处，我正副团长护侍佛牙一步一步走下舷梯，踏上红地毯。此时只听礼炮轰鸣。我数了一下，真的是21响。接着，班夫人和总督及全体内阁成员、三军负责人，立即五体投地朝拜，数十万群众也都跟着下拜。登时机场一片庄严肃穆，然后是一片欢腾："我祖佛牙！""锡兰——中国！"

这种礼遇是任何一个国家的元首都不可能完全得到的，是实实在在的超级元首礼遇。佛牙到达后，锡兰全岛轰动，如同过节一般。先后有三百多万人有幸朝拜了这一圣物。我因为学了一点当地语言，这一期间也跟着忙得不可开交，亲眼看到了班夫人及其家族成员以及锡兰其他领导人对佛教的虔诚，看到了锡兰人民笃信佛教的狂热，感到了宗教巨大的魅力，以及宗教自由之必需。人们有权可以不信教，可以不赞成和不鼓励信仰宗教，可以是无神论者，就像我们夫妇一样，但人们必须尊重宗教，尊重别人信教。这就是我们两个年轻外交人员当时的感想。

两个"忘年之交"

1971 年初，我和妻子陈依弥"二进宫"，第二次到驻锡兰（这时已快更名为斯里兰卡）大使馆工作。我担任研究室主任，她负责办公室礼宾、文书和高级翻译工作，兼管处理军援事务，斯里兰卡军方戏称她为"女武官"。我们夫妇此时在使馆工作已独当一面。我们配合默契，共同交了很多朋友，特别是班夫人家族成员，如她的弟弟、私人秘书拉特瓦特，她的贴身秘书、大女儿苏尼特拉，她的儿子、国会议员阿鲁拉，她的小女儿钱德里卡小姐（现在的总统库玛拉通加）。

这时钱德里卡小姐早已是一个开始成熟的女青年，刚从法国留学回国，说一口非常流利的法语和英语，在政府从事农业发展方面的工作。我因当时正在业余学习法语，并正在研究斯里兰卡的社会和农业问题，同她的共同语言较多，好像一见如故，很快成了"忘年交"。我们相约，每星期我去她家（总理住宅）一次，她先教我法语，然后我教她几句中国话。每次她都十分认真地教和学，然后热情款待，与我畅谈国家大事，纵论国际形势。我很快发现她知识丰富、才华横溢，对政治问题很敏感，看问题尖锐，为人诚恳、坦率。有一天，在一次晚宴上，她正好坐在我左边。

她忽然问我说："美国中央情报局和苏联克格勃在斯里兰卡活动很厉害，到处钻营奔走，搜集情报，你们中国使馆看来不怎么活动，这样如何能掌握情况，处理好问题？"我说，没有一个使馆不需要及时了解情况，但国家的制度不同，政策就不同，了解和搜集情况（西方叫"情报"）的手段、途径和方式当然也就不一样。我们如果感到有什么问题不清楚，我们就会去找你舅舅和姐姐，有时也可能去找你或其他有关官员问个明白。她非常聪明，一点就通，会心地笑了。

说实在的，我同她的"忘年之交"在学习语言上面，确实让我受益匪浅，但更重要的是增进了友谊，她帮我熟悉和了解到很多在一般情况下不太可能知道的问题和动向，对使馆及时准确地分析情况和处理问题，促进两国友好关系，起到了很好的作用。南斯拉夫一位外交官曾问我：你去学法语是不是"醉翁之意不在酒"？我明确地告诉他说："在酒！"其实，在不在"酒"，有外交经验的人心里都很清楚，"醉翁之意"在于"交友"。

另一个"忘年之交"是我妻子陈依弥同班夫人的关系。班夫人第二次出任总理时，身体不太好。应她的要求，我国政府派了包括针灸、心脏和神经三方面专家的医疗组到斯里兰卡为她治病。陈依弥因为是女外交官，英文又比较好，办事较方便，当时便充当了联络人兼翻译。由于陈依弥认真负责，对班夫人精心照顾，很快便成了班夫人的"忘年之交"以及"身份显赫"的女友，经常出入于总理府和总理官邸。班夫人几乎把她看成是自己的女儿一样，有时情不自禁地向她吐露家庭乃至政府工作方面的烦恼和打算，甚至还问"该怎么办好"。班夫人还特地向门卫交代，陈女士去她那里，无须事先约会，凭身份证便可随时进入。

我们夫妇同班夫人母女之间的这种"忘年之交"，说起来很平凡，但从这种"平凡"中，人们不难看到中斯两国友好关系根基之深的一个小小侧面。这个侧面的出现，需要有良好的机遇，也需要有精心的培育，以及外交官个人满腔热情的追求。

"格瓦拉叛乱"引起的风波

斯里兰卡是印度洋上的一颗明珠，素有"和平绿洲"之称。不幸，1971 年秋天爆发了一场"格瓦拉叛乱"。班夫人政府宣布全国处于紧急状态。在这种"非常时期"，国与国之间的关系，以及人与人之间的关系，都可能发生突变，都不可避免地要经受考验。但长期沐浴在中斯友谊海洋之中的中国外交官，一般来说都思想准备不足。

那天早晨一上班，斯里兰卡外交部便正式通知各国使馆，并给使馆发了几张通行证。我们事先已从班夫人大女儿苏妮特拉那里获得了一些消息，因而对这一突发事件本身有一定的思想准备。全馆在马子卿大使有力的领导下，秩序井然，毫不慌张地迎接这一突发事件。但难题还是出现了：我国两名信使在得知斯里兰卡实行戒严前已上了飞机，预计当天下午到达科伦坡。应该如何处理？

马大使迅即召集使馆领导开会，决定立即照会斯外交部，要求对方确保我信使安全，同时改派马大使的专职司机开车，考虑到我懂英语，又能说点当地话，加之在机场朋友多，决定由我到机场去接信使。大使亲自找我谈话，向我说明了问题的严重性和潜在的危险，要我在这关键时刻务必保证信使和文件的绝对安全，必要时"要与文件共存亡"。

我仔细分析了有利和不利条件，并做了认真的行前准备工作。

大使司机老夏社会经验比较丰富，还当过兵，老成持重，遇事不慌。这是我完成任务的一个有利因素。

接着，我打电话给一家大报的驻机场记者。这位记者同我交往密切，对中国友好。我在机场移民局和海关有很多朋友都是经他介绍而认识的。他告诉我说，机场及附近已增加了许多军队，但迄今他们并未接管或过问机场的事。这使我增加了完成任务的信心。

最没把握和最感不安的是，不知沿途情况如何。斯里兰卡军队没打过仗。据当天上午一些朋友告诉我们，军队比老百姓更惶恐不安，简直有点草木皆兵。据说，有两位别国的外交官在执行公务中，在听到士兵命令停车时，他们立即伸手从口袋里掏通行证。士兵误以为他们在掏枪，当即"先发制人"，开枪射击。结果一位外交官身中数弹，差点送命。另一位幸免于难，但汽车却被打穿了好几个洞。根据已经了解到的情况，我同司机老夏认真研究，琢磨着可能遇到的各种情况以及应对办法。

我们提前一小时到了机场，同机场那位记者一起喝了驰名世界的斯里兰卡红茶，会见了移民局和海关的值勤朋友，向他们说明我接信使的任务。

不一会儿飞机徐徐降落。当时旅客已多少获悉了有关情况，因而普遍显得紧张，我国的信使则比较镇静。机场检查比平时严格得多，有的简直是翻箱倒柜。我们的信使却照常免检，优先放行。

第一关顺利通过了。我们稍感宽慰，但丝毫不敢掉以轻心，立即开车返回使馆。行车不过半公里的时候，突然有一股全副武装的陆军士兵从公路两侧跳到我们的汽车前方，在强令我们立即停车的同时，他们还迅速散开，从四面把我们包围起来。顿时，12 支冲锋枪枪口对准我们，气氛十分紧张。我生平第一次遇到这样的险情，也确实有点害怕。我们是手无寸铁啊！后来又想，他们这样做可能正表明他们自己很紧张和心虚，不一定敢随便开枪。

这时，一名上士端着枪走到车前问我们是干什么的，要我们下车接受检查。

司机老夏早已把车门锁上，这时倾过身子帮我把车窗打开一条小缝，以便互相可以听见对方讲话，但对方的手却无法伸进来。我吸取上述两位外交官遭遇的教训，先询问他是否要看通行证，然后才慢慢伸手到口袋里取出，通过窗缝递出给他看。

对方看了通行证了解我们是外交官后仍坚持要进行检查，一时处于僵持状态。最后我说明我们是中国外交人员并出示外交官证后，对方态度大变，立即同意放行。双方友好合十道别。到这时我们才松了一口气。

一波刚平，一波又起。当日晚我们又获悉，我国一艘万吨级货船次日凌晨将停泊科伦坡港。在驻在国宣布紧急状态和戒严期间，巨轮停泊港口其中不便和困难是十分明显的，同时安全也是一个重大课题。为此，使馆领导及时进行了研究。次日早饭后，马大使夫妇率领我们几个人，包括商务处外交官，带着斯里兰卡最好的水果，登船"慰问"和"联欢"。马大使着重向轮船领导介绍了驻在国形势的严重性，要求他们高度警惕和注意安全，在船加完水后立即启航离开科伦坡。

下午，我们回到使馆，正在抓紧时间休息，电话铃响了。一个更大的难题又摆在我们的面前。对我国一向友好的商贸部长伊某，奉总理班夫人之命，要求紧急会见马大使，而且说到就到。伊对马大使说，据其政府掌握的情报，我方船上载有运往非洲的武器。斯政府"因镇压叛乱急需"，请我割爱把这批武器转让给他们先用。

这真是晴天霹雳，也令人丈二和尚摸不着头脑。在不知情和无国内指示的情况下，我们的大使深感困惑和为难。但他毕竟经验丰富，处事从容、得体。他表示理解斯政府的困难，但请伊给他一点时间首先弄清情况。对方好像也明白了，说"我等着阁下的回音"，随即告辞。

客人一走，马大使立即指令我上船了解情况。这时已是晚上8点了，不断听到外面传来零星的枪声。夜间登船，而且要经过港口重地，委实危险。但事情迫在眉睫，哪能顾及个人的安危！应我的要求，使馆开了公函，并让我随身带了红皮护照前往，以便"内交"时核实身份。

还是司机老夏开车。一路还算顺利。最后路经警察总部所在的大街时，忽闻要求停车声。老夏徐徐停车，一个警官和随从端着冲锋枪立刻冲到我们的车旁，责问我们为何迟迟才停车。我汲取前一天机场路上的经验，首先说明我是中国外交官，有紧急公务要到港口去，因司机不懂当地话，听我翻译后才刹车，所以耽误了几秒钟。对方见我言之有理，未再纠缠，但警告说，你们这样很危险，这是非常时期，万一我开枪把你们打死了怎么办？！讲完这番话后，他当即放行。

几分钟后我便到了港务局，找该局的一个朋友帮我办理登船手续。但他告诉我，我要去的那条巨轮 25 分钟前已离开港口开往非洲了。

我真是喜出望外，但我在没有弄清情况之前不敢立即向大使报告，否则将铸成大错。于是，我要求同海军司令部联系，查询这条船的下落。海军值班军官证实，确有一条万吨级中国货轮在半小时前离港。我据此立即向马大使做了报告。他听后如释重负，马上让翻译通知伊某，我船已离斯，他实在爱莫能助。

第二天，当地个别报纸歪曲事实，硬说什么我国有条船满载给格瓦拉分子的武器悄悄到了斯里兰卡港口，企图挑拨两国友好关系。

使馆根据国内通报的情况据理驳斥，指出，为了对付海盗和台湾蒋帮的袭击，我货轮上确有少量自卫武器，这符合国际惯例，而且在我船停泊斯里兰卡港口期间已向斯有关当局做了报告。至于在停泊期间，是否封存这些极少量的自卫武器，完全由经停港口有关当局自定。斯方出于对我国的信任，未予封存。某些报纸的报道纯属别有用心。

一场虚惊就这样突然发生，又偶然结束了。

周总理"一语破迷惘"

第一天就发生这些不愉快的事，而且敢进使馆门的朋友们也很少了。全馆同志都感到紧张和茫然。第二天，某社会主义国家因涉嫌支持"格瓦拉运动"被限令三天内撤馆。社会上流传很多谣言，有的诬蔑我国给"格瓦拉运动"提供了武器，说"下一个该轮到关闭中国大使馆了"。

接着，斯里兰卡政府有关部门对我使馆采取了一系列监视和检查措施，使馆来往邮件全部被拆封，工人宿舍和新华社驻地受到搜查，连我国援助建设班达拉奈克大厦的物资也都被一一检查。全馆同志和我方援斯人员对斯方上述行为十分不理解，感到困惑和愤慨，甚至怀疑班夫人要改变对我国的友好政策。有的青年翻译面对印度洋流泪，长叹"帮错了人"，说班夫人"太不够朋友""以怨报德"。

正在这紧急关头，周恩来总理在北京会见了斯里兰卡驻华大使，并很明确地对他说，班夫人很聪明嘛，这是明智之举，几次检查，发现中国方面没有任何问题，不就把右派的嘴封住了吗?!

消息传来，全馆同志如久旱逢甘露，头脑立即清醒起来，无不钦佩周总理高瞻远瞩，掌握着令人叹服的外交才能和艺术，用不平常的语言和风度解决了按常规无法理解和解决的问题。这也表明，周总理由于同班夫人多次会见，交往比较频繁，了解甚深，知道她对我国的深厚友谊，不会做出有损两国关系的事。

后来，周总理又指示马子卿大使通过班夫人的身边人（她弟弟）向她传话说，我国目前正在清查"5·16分子"，如果班夫人政府发现我们使馆有这类人物，请坦率地告诉我们，帮我们清理阶级队伍。这更是棋高一着，以退为进，英明果断。面对事实，面对这种坦诚而有力的外交，班夫人还能说什么呢？只能钦佩。右派的嘴当然是被封住了。

一场风暴终于过去了，我们也闯过了好几道难关。班夫人巩固了她的领导地位，两国关系又重新得到了改善和发展。

难忘的岁月和人生悲剧

我同陈依弥先后在锡兰工作了将近十年。第一次是 1957 年至 1961 年。当时我们还只是 20 级和 18 级的科员（她比我高两级），但工作任务却很艰巨。她在调研室承担着繁重的翻译和资料整理工作。我简直是个万金油，除调查研究工作外，还充当政务参赞姚登山的翻译，负责新闻公报，帮助跑外勤。工作虽忙，但在任四年，我们一直生活得很愉快，很充实，并学习僧加罗语，简直像是在度蜜月一般。我们的前两个孩子都是在使馆出生的。由于工作需要，我们几乎跑遍了整个锡兰岛。我们在野生动物园近处看到过漂亮的母豹，以及在落日余晖中两个大象家庭在湖边聚会、戏水和亲吻的场面，我们夫妻双双骑上大象，漫步在原野上；我们到过有周总理和铁托总统等名人种过纪念树的亚洲最大的佩瑞黛尼亚植物园；我们看过全世界佛教徒都十分向往的佛牙；我们还沿着周总理的足迹爬上了西格丽亚石峰，眺望锡兰"三园"美景——茶园、橡胶园和椰子园，层层叠叠，各具特色，令人向往。后来，我们还利用假日，到绿色地毯一般的大茶园小住数日，领略了那里茶叶的芳香，品尝了世界上最好的红茶。我们还到过世界有名的军事海港——亭可马里，看望过那里的情人石。据说，锡兰一对恋人正是在此投海殉情的。我们热烈拥抱在情人石上，体验着时代的幸运和幸福——那梁祝时代、罗密欧与朱丽叶时代一去不复返了！

当人们生活在幸福和紧张的工作中时，时间过得特别快，我们在锡兰一晃就是四年多。国内的反"右派"斗争、大跃进以及"自然灾害"好像箭也似的从我们身边飞过。我们感到了，也受到这样那样的影响，但没有亲身经历。1961年夏天，我带着大儿子朝华（那时他还不到四岁），经香港回国。不久，陈依弥也奉调带着女儿兰涛赶回国，转赴瑞士参加第二次日内瓦会议。这是我们婚后第一次"小别"。日内瓦会议结束后，在北京人民大会堂曾有一个盛大的联欢庆祝晚会。我渴望着能一起去共享欢乐，但望眼欲穿，始终没有收到请柬。联欢过程中，依弥有幸同周总理跳了一个华尔兹。在跳舞时，周总理问她："你爱人来了吗？"她说"没有"。周总理说："这太不平等了。为什么男同志可以带妻子，女同志却不可以带丈夫呢？"我后来听了，深感周总理说得好，又觉得有关部门的安排实在可笑。

1964年，陈依弥作为翻译和生活秘书陪同宋庆龄副主席访问锡兰。访问期间，多次同班夫人接触，为我们后来同班夫人及其家族的友好关系奠定了一个基础。

1970年底，国内"文化大革命"如火如荼，极"左"思潮汹涌澎湃。这时候，我驻锡兰使馆一个外交部的干部也没有了，临时代办是兄弟单位的外行，公务员也做了党委委员，掌握着使馆的大权。在国庆招待会上，使馆大门口的横幅上写着亮晶晶的几个大字——枪杆子里面出政权！这引起驻在国的强烈反应。周总理闻报后很是生气，批评说，这么一个重要的大使馆，一个外交部的外交官都没有，你们怎么放心得下？！

正是在这种情况下，外交部火速派经验丰富的杨正凡参赞去任代办。我们夫妇因熟悉锡兰情况，也被选派去做杨的助手，并于 1971 年初上任。当时，我担任调研室主任，她负责交际礼宾兼使馆领导的重要问题翻译，还负责处理军事援助问题。我们密切合作，广交了很多朋友，特别是同班夫人家族建立了非常亲密友好的关系。这时候我们已进入中年。经过文化大革命的"洗礼"，政治上也比较趋于成熟。我们生活和工作得很和谐，努力为使馆纠正极"左"思潮，为开创对斯里兰卡关系新局面做了大量具体和细致的工作。

1974 年国庆节后，我们回国休假。这是我们参加工作 20 多年后第一个长假，机会难得。我们带着大儿子朝华第一次回到了家乡南陵县，登上了黄山，观看日出。又游览西湖，走过长长的苏堤和白堤，观赏三潭印月，然后回到北京，一家五人（这时老三也已 11 岁）团圆欢聚，并第一次合影留念。这时候，我们的"官阶"不高，我只是个三等秘书，她也只是个二等秘书。但我们都感到满足和充实，我们好像是在度"第二个蜜月"，拥有着丰硕果实的秋天。这时候，对某些人来说，正是"火箭上升"的年代，几乎没有人羡慕我们"小土豆的地位"，但很多同事和朋友都羡慕我们的恩爱和和谐。

真是"天有不测风云"，没想到这竟是我们一家最后一次团聚。黄山归来后不到一个月，我一生中最大的不幸发生了。

12 月 12 日，在我们结束休假返馆前夕，依弥忽然得了重感冒。考虑到使馆年终总结需要我们赶回，机票已买好，我希望最好行期不变。她虽然有些勉强，但还是准备迁就我。13 日早晨，一量体温，已不发烧，她虽然感到体弱和不适，仍决定跟我一起走。

结果一路病情发展，15 日到科伦坡后，转为心肌炎。我一夜守候，班夫人还派了她的私人医生来会诊，结果仍抢救无效，16 日清晨 5 时零 5 分，也即回到使馆 18 个小时后便与世长辞，与我永别。一句话也没留下来。

这一出乎意料的打击使我伤心至极，茫然若失，卧床一个多礼拜，处于半昏迷状态。睡梦中，我们夫妻双双，一会儿来到朝鲜松岳山下的泉水边，一会儿拥抱在情人石上，一会儿又在印度洋的海滩上嬉戏。我看到她同宋庆龄和班夫人交谈，在同周总理跳舞，在给孩子们写信……后来逐渐清醒，想起"青山处处埋忠骨"，决定把她的部分骨灰埋葬在科伦坡，并同意以大使馆名义为她立了碑，以示永恒纪念。

寄托哀思的鲜花

依弥不幸逝世的噩耗传出，惊动了很多朋友和驻在国领导。斯里兰卡总统急电向我慰问。总理班达拉奈克夫人当日也来唁电表示"深感悲痛和难过"，并称赞陈依弥的纯朴以及生前对她本人的友谊。斯贸易部长、陆军司令和海军参谋长等各界政要一百多人也前来吊唁。使我最难忘的是，在向遗体告别时，一向活泼的钱德里卡小组（现在的总统库马拉通加）迈着沉重的步子，手捧鲜花，一步一步向我走来。她说，她是代表她母亲班夫人来的，紧握着我的手。她没有流泪，但从她的面部表情不难看出，她为我失去亲人而分担着我那极度的悲伤。

当时我妻子只是二等秘书，斯政府如此破格吊唁，充分反映了两国关系情深谊重，也是陈依弥个人努力工作的结果。她当时是班夫人家中的常客和"没有军衔的女武官"，同军方关系也非常密切。对她的哀悼，实际上也有相当程度的感情因素。

悲伤、内疚和决心

1974 年的最后一天，也就是祖国同胞合家团聚的除夕，怀着极度的悲伤和不知如何面对子女和岳母的内疚，带着依弥的另一部分骨灰回到了北京。一路上，我思绪万千，生平第一次感到好像生活失去了目标，不知今后怎么活下去。我们相依 20 年，半个月前她还恋在我的身边，说着悄悄话，一往情深，而今却忽然"化蝶而去"，留下冷灰一盒，默默与我同机而行。人们常说，愿有情人终成眷属，为什么又要成了眷属的有情人过早地分离？！我们才 40 几岁啊！我禁不住自己的眼泪，但为了不惊动邻座乘客，只能掩面饮泣，倍感心酸。

依弥毕业于圣约翰大学英国文学系，1950 年入外交部，曾两次入朝参加军事停战谈判和军停会的翻译及速记工作，两次参加日内瓦会议，曾任翻译室英文组组长，在部内小有名气，人缘尤好。她忽然病逝的噩耗传到北京后，在部内和亲友中引起了极大的震惊。1975 年 1 月初在部内举行的追悼会是建部以后最令人悲痛和心酸的一次，很多同事和朋友为我们洒下了伤心之泪，痛哭失声。除了通常的挽联之外，我还收到了很多信函和诗歌，为她过早地离我们而去感到悲哀和惋惜，称赞她对外交工作，特别是中斯友好的贡献，以及她为人忠厚、淳朴和对人的关怀。外交部的正式悼词也赞扬她"工作兢兢业业，认真负责，对同志热情诚恳，平易近人""任劳任怨，刻苦钻研业务，较好地完成了党交给的任务"。

我们三个未成年的子女，更是痛感丧母。女儿兰涛当时才 13 岁，含泪写了一篇作文《我的妈妈》，后来被选入中学生范文出版。

中年丧妻，同白发人送黑发人一样，原本就是人间的一个悲剧。依弥的不幸病逝，在很大程度上是我不顾她有病而坚持如期返馆造成的。这是我再也没有机会改正的过失，也是我无法弥补的损失，使我一生都感到内疚。她去世后，差不多有半年多，我每晚都要服安眠药才能入睡。每逢佳节，我都倍感伤心，常写诗以寄托哀思。在第一个元宵节之夜，我曾赋诗一首并焚之，盼望能寄往她所在的天堂：

> 明月出东方，
>
> 京城一片欢。
>
> 欲与卿偕乐，
>
> 只待入梦乡。

但我毕竟是个有理智的人。我不仅有外交任务，我还有三个孩子要抚养。我平时喜欢饮点酒。在这段时间硬是滴酒不沾，怕的是"借酒消愁愁更愁"从而走上颓废和消极的道路。经过大约半年的思索和调整，我渐渐振作了起来，决心要把三个孩子抚养成才，并在外交工作中加倍努力，以告慰她的在天之灵。

相逢在北京

"这就是我想见的王大使吗？啊，是的，没太大变化，神情、风度和体态都还是老样子，就是胖了点。"

1996 年 4 月 22 日，在钓鱼台国宾馆 17 号楼，我有幸在祖国首都又见到了我的老朋友——当今斯里兰卡的女总统库玛拉通加。她一见面就打开了话匣子，虽比过去多了几分庄严，但仍保留了往日的欢快、坦诚和风趣，充满活力。

"不仅胖了，也老了！更重要的是，你变了，你做了总统。我早就在心里祝贺你了，现在再当面祝贺一次。我真为你高兴。"我不是在说官话，我是在说一个朋友的心里话。

寒暄之后，我们一起去前门烤鸭店出席顾秀莲部长为她举行的午宴。我被安排坐在库玛拉通加的右手。席间我们共同回忆当年我们互教互学的情景，以及很多有趣的交往，互相介绍了各自的工作和生活情况。她后来开玩笑地问我，当时有没有想到她会当上总统。我说，如果说我当时就想到了你会当总统，那可大有"拍马屁"的嫌疑，可是说实在的，我当时确实觉得你很有才华和天赋，可能前途无量。她听了哈哈大笑，说："你真是个'高级外交官'，你这还是在'拍马屁'"。她说，她同母亲都很珍视同我和我亡妻陈依弥的友谊，常挂念着我。如果有空的话，她愿邀请我到斯里兰卡去度假。我感谢她的邀请，表示可在八九月间成行。期待着再次相逢在科伦坡。

会见后，我的心情久久不能平静。有些话，当面不便说，但尽在不言中。我知道她的生活也是很坎坷的。她曾有一个斯里兰卡人民为之着迷的电影明星丈夫，有一子一女，过着人们羡慕的生活，共同为他们祖国的稳定和发展，以及文化艺术的繁荣而辛辛苦苦地工作。但她的命运也像她母亲一样苦，她的丈夫大约在十年前也被敌对势力杀害了。从她们两代人身上，我看到了斗争的残酷，看到了两个斯里兰卡伟大的妇女形象。她们没有屈服，没有被吓倒，她们擦干眼泪，坚强地站了出来，继续为自己的理想而奋斗。她们成功了，而且青出于蓝而胜于蓝。我为她们的巨大成功而高兴，也由衷地钦佩她们，同情她们的不幸遭遇。

我终于圆了一个梦

阔别斯里兰卡已经 22 年了。由于上述个人的一些特殊经历和感情因素，我一直渴望着重返科伦坡。1996 年 9 月初，我有幸应库玛拉通加总统的邀请，作为她的私人朋友到斯里兰卡进行度假访问。访问是短暂的，但引起的回忆却很长很多。

斯里兰卡绮丽的风光和迷人的景色使人陶醉，流连忘返，自不待述，总统及其一家对我的友好情谊和"上宾之礼"更使我深受感动。整个画面的背景当然是两国源远流长的友好历史和亲密的国家关系。但同我个人的经历也是分不开的。

我们夫妇是第一批踏上锡兰国土的中国外交官。我们参加了全部建馆工作，结交了很多朋友，同班夫人子女和亲属关系尤为亲密。我们的一子一女均出生在科伦坡，大儿子是中斯建交的同龄人，女儿的名字也是为了纪念中斯友谊而取的。本着"青山处处埋忠骨"的精神，我亡妻的骨灰由中国大使馆立碑长眠在科伦坡国际公墓。这一切的一切都使我情系科伦坡，把斯里兰卡看成是我外交工作的处女地、我的第二故乡。

库玛拉通加总统深知我的心情，我度假访问的日程安排第一件事就是扫墓，让我首先完成 20 多年的夙愿。墓地负责人还破例允许我在墓碑四周栽了长青小花树。库玛拉通加总统当天便亲切地会见了我，并于次日为我举行家宴。她80高龄的母亲、总理班夫人尽管行动有些不便，也特地赶到总统府出席。访问期间，我还有幸会见了斯外长，并到总理班夫人家作客，看望了总统的舅舅以及不少新闻界和经济界的老朋友，共叙往日情谊，展望两国友好关系更美好的前景。库玛拉通加总统十分关心她自己国家的和平、安定和发展，强调扩大和加强对外经贸关系，盼望斯中两国在经济合作方面"更上一层楼"，给我留下了深刻的印象。班夫人年事虽高，但记忆十分清晰。在亲切交谈中，她几次提到周总理很关心斯里兰卡的安定以及她本人的健康，回忆宋庆龄委员长访斯的情景以及我妻子的模样和神态，使我深受感动。

9月9日，我满载友谊告别了我的第二故乡。一路上，我心潮起伏，思绪万千，为失去亲人而伤心落泪。但同时，也感到一种欣慰，因为我和我亡妻以及我们的孩子都是两国一个历史时期友好关系的见证人，而且为这种友好关系做出了一点微薄的贡献。

我的孩子们都知道我们同库玛拉通加总统及其家族的情缘，知道那美丽的斯里兰卡，我们两国人民的友好情谊，不仅在我这一代要继续促进，我相信，我们的子孙后代也一定会延续下去的。

（2004年）

我也得了冠军

足球乃"体育之王"。一个国家的人民喜爱足球的状况以及政府重视的程度，往往从一个侧面反映出某种民族精神的面貌。

1985 年夏季，在北京举行"小金鹰"杯少年足球赛。尼日利亚少年足球队是一支很强的劲旅，一路过关斩将，屡战皆捷，最后进入了决赛。尼日利亚人民酷爱足球，全国都在关注这场比赛，期待着胜利的喜讯。政府体育部长等三人还要专程飞往北京观战。

这是促进两国友好一次难得的机会。

当时我是驻尼日利亚大使，立马召集使馆有关领导及时开会进行了研究和部署。

考虑到时间紧迫，为了让体育部长等三人及时赶到现场，入境时不耽误时间，我们破例给他们全都发了礼遇签证，同时向国内有关部门通报情况。结果，他们下飞机后迅速顺利过关，直奔赛场，就座时场内正好奏起尼日利亚国歌。三个人喜笑颜开，心里直念叨，中国使馆真好，帮了大忙。

我们请新闻、文化部门的秘书拟好两份热情洋溢的待发贺电。一份是祝贺夺得冠军的，我们认为这种可能性最大；一份是祝贺获得亚军的，我们认为，即使是亚军，也值得祝贺。

同时指定专人监听国内广播，一有比赛结果，立即用最快速度把贺电发出。

结果，尼日利亚"小金鹰"夺得了冠军。我，作为中国大使的贺电也获得了"冠军"，比尼日利亚总统布哈里将军发得还早。当天尼日利亚电台首先广播了我的贺电，晚上电视台在广播总统贺电后接着就播出了我的贺电。第二天各大报刊均在头版显著位置刊登了这一贺电。

少年足球队凯旋时，我是唯一被邀请到机场迎接的外国使节。红地毯和鲜花，使这些尼日利亚的宠儿得到了最高礼遇。机场和沿途到处可以听到人们欢呼"中国——尼日利亚""尼日利亚——中国"。布哈里总统为少年足球队举行的庆功会也特邀我去参加了。会上宣布：政府决定，以每个队员的名字在他的家乡命名一条街；免费供他们上大学。

军政府领导人纷纷前来同我握手致意，感谢中国对尼日利亚少年足球队的爱护和支持、关心和照顾，感谢中国赠送给每个队员的珍贵礼物——彩色瓷盘上每个队员的头像。

这一天尼日利亚庆祝活动达到了高潮，中尼友谊也随着这一高潮而更深一层地浸入了千百万黑人朋友的心扉。有朋友问我说，你这样做不累吗？我说，不累，开心！利用一切机会开创新局面。这样的事，我们不能"等"国内指示。你不做，外交部不会批评你；你做了，也不会表扬你。关键是：敬业、爱国、主动。

（作于 2004 年，在《新民晚报》、环球网、凤凰网等媒体上
均有刊登。）

一次难忘的使命

巴拿马是个不大的国家，面积近 8 万平方公里，人口也只有 200 多万。但它连接中美洲和南美大陆，是大西洋和太平洋之间的交通要道，举世闻名的巴拿马运河被誉为"世界桥梁"，战略地位十分重要。

巴拿马原是哥伦比亚的一个省。1903 年，美国同哥伦比亚签订由美国修建和租借运河条约，哥议会拒绝批准。不久，美军便在巴拿马登陆，策动巴拿马脱离哥伦比亚成立巴拿马共和国，美巴签订不平等条约，美取得修建和经营运河的永久垄断权和运河区的永久使用、占领和控制权。

第二次世界大战后，巴拿马人民反美爱国斗争不断发展，要求收回运河区主权。1977 年 9 月，美被迫同巴签订了新的《巴拿马运河条约》，并于次年批准生效，条约规定：两国官员组成运河管理委员会；运河区的司法和移民机构以及海关和邮局等将逐步交由巴拿马管辖和经营；1999 年 12 月 31 日新条约期满后，巴将全部承担对运河的管理和防务，美军将全部撤离巴拿马。

我国对巴拿马的爱国正义斗争一直深表同情和支持。中巴两国有过不少关于关系正常化的接触，但由于美国的特殊影响和微妙的控制，巴拿马一直同"台湾当局"保持着"外交关系"。托里霍斯将军执政时期，中巴关系正常化呈现着较好的发展势头，但不幸托里霍斯于 1981 年 7 月因飞机失事遇难身亡。此后双方虽然有接触，但势头已减。

继续寻求和探讨中巴关系正常化是我国的一贯政策。我作为新中国在这一地区工作的大使，当然也义不容辞。

1988 年，我自尼日利亚调任驻哥伦比亚大使。从使馆朋友的名单中，我发现了巴拿马外交部部长里特尔的名字。他有中国血统，母亲是中国人，他的夫人是哥伦比亚人，在哥工作，子女也都在哥学习。他几乎每周都来哥伦比亚度周末。为了打开对巴拿马的工作，我和我夫人杨帆花了很大力气做他们一家的工作，经常礼尚往来，关系日渐加深。他那身上流着中、巴、哥三个民族血液的女儿长得十分可爱，集中了三方的优点。有时她也是我们的"小客人"，为我们的感情交流更增加几分欢快的气氛。大约半年以后，我们开始很自然地交谈各方面的问题，特别是两国情况和有关两国关系正常化问题。

1989 年上半年，在一次家宴上，他相当严肃地表示，愿邀请我作为他的"私人朋友"访问巴拿马，讨论建交问题。同时他明确强调，希望分"两步走"。

当时，美国国内有一股强大的势力不满新运河条约，不甘心让巴拿马在 20 世纪末收回主权，布什政府对巴拿马政府采取了与卡特政府不同的态度。巴拿马的诺列加政府处境十分困难，面临美国直接干涉甚至入侵的危险，确有同我发展关系、取得我支持以牵制美国的愿望。与此同时，1989 年春夏之交的北京政治风波之后，台湾当局趁机加强"弹性外交"攻势，并在拉美地区个别小国有所得手。西方一些国家也企图孤立我国。为了拓宽外交阵地，当时我国一面在同印尼谈判复交，一面也积极准备打开同巴拿马关系正常化的局面。根据国内指示精神，我当然表示很高兴接受邀请；同时告诉他，中方对建立和发展中巴关系持积极态度，愿意听取和研究他关于进一步发展两国关系的设想和建议。我问他，两国关系正常化的主要障碍究竟是什么，巴政局动向到底怎样。里表示，障碍主要来自何方不言自明，巴处境十分困难，有被入侵的危险。不久，里又重申对我的邀请，并表示已准备在 10 月中下旬接待我。

正当我积极准备赴巴访问时，巴拿马外长突然易人，卡姆（CUM）外长上任。我当时感到失望，因为尚不知他是何许人也。而且，一般说来，往往是"人一走，茶就凉"。重新热茶，需要时间，可时间又如此紧迫。此事真叫我愁眉不展，吃不好睡不香，苦无良策，决定观察一下再说。

第二天上午，我的礼宾秘书忽然通知我去接巴拿马外长的长途电话。我开始有点纳闷，不知是老外长还是新外长，但很快就明白了。对方首先自我介绍说，他是巴拿马昨天新上任的外长，重申前外长里特尔对我的邀请仍然有效，邀请我 11 月初访巴就两国关系进行"实质性会谈"。我首先热烈祝贺他当选外长，并表示接受他的邀请。

这是个难得的机会，需要采取果断的决策。但说实在的，当时我真摸不清巴政府对发展两国关系的意图和具体设想。它是真的要进行建交谈判，还是仅仅一般性地要发展两国关系，要求我支持？如系前者，它是要分步走，还是一步走？

因此，准备工作十分繁重。除了深入了解情况外，还需要提出建议和对策，最核心的是如何看待和处理"分步走"的问题。我国在建交问题上，一贯是坚持原则的，但策略上也有一定的灵活性。中美建交前就有过在特定条件下的"联络处"，同日本有过贸易备忘录办事处，同新加坡和沙特也有过类似的情况。同巴拿马是否也可沿袭这些先例，这就要看具体情况，把握时机，果断决策。当时国内指示非常明确：要力促诺列加政府在两国关系上迈出实质性的步子，一步走。但也要考虑巴方的实际困难，设法帮助解决。

11月初，我带着政治秘书刘峻岫等三人如期悄悄地到达巴拿马城。机场上没有鲜花，没有欢迎的人群，但湛蓝的天空、和煦的阳光，给人一种祥和的感觉。巴外交部对外政策司总司长卡尔德隆女士和礼宾司总司长到机场迎接，并全程陪同我在巴的访问。我们被安排住在一家据说是最好而又最安全的旅馆。礼宾司长告诉我，我们实际上是"总统府的客人"，一切费用由总统府支付，保卫人员也是从总统府和诺列加卫队中抽调来的。随后我们就发现我们的住房门口有三四位身强力壮的便衣人员24小时轮流守卫，两个贴身保镖与我寸步不离，态度非常和蔼可亲。卡尔德隆女士私下对我说，美国和台湾方面已知我要来访，台方"大使"宋长志（前台湾当局"国防部长"），这些日子"像热锅上的蚂蚁"，一天要给巴外交部部长打几次电话，到处奔走游说，要求取消这次访问。美方也配合施加压力。但巴政府态度坚决，不为所动。

从接待规格以及卡尔德隆女士的谈话情况看来，我感到巴方对这次访问非常重视，可以说是"寄予希望"。宋长志的焦虑不安以及四处活动，固然可能增加阻力，但也足以从另一个侧面说明，巴方对待中巴关系正常化，这一次很可能要动真格的了。

当天下午，卡姆外长即同我举行第一次会谈。卡姆强调，巴拿马政府重视同中国的友谊以及中国在国际上举足轻重的作用，一直希望能实现同中国关系的正常化。但由于种种中国朋友也知道的原因，未能如愿。现在应该是解决这个问题的时候了。巴拿马正面临强大的外来压力和威胁，经济上也十分困难，需要中国的支持。不过在建交问题上，希望还是分两步走。否则，步子迈得太快，可能招来麻烦，特别是台湾方面可能采取报复措施，巴经济上将蒙受重大损失。希望中国方面能体谅巴的处境。

由于事先对巴方有关情况和考虑已比较了解，国内指示也十分明确，我首先转达了钱其琛外长对他的祝贺和问候，希望两国关系在他任期内能有"实质性发展"，接着从容不迫地表示，我们完全理解巴面临的困难和处境，愿意在政治、经济上同它合作，包括向它提供一些力所能及的经援。但由于两国尚无外交关系，这些方面的合作，不可避免地会受到限制。相信中巴关系正常化一定会使两国在政治、经济、文化等领域的合作得到全面的发展，这将有益于两国人民，有益于地区和世界和平。因此，在两国关系正常化问题上，我主张"一步走"。这样做对双方都有利，也符合世界潮流。中巴建交是两国发展政治、经济等各个领域友好合作的"必要前提"。我们两国之间已有多年接触，两国建交应有一个"政治决断"，中方愿在一步走的基础上听取巴方对发展两国关系的设想。卡姆听后表示，希望次日再会谈一次。

当晚，卡姆外长为我们一行四人举行了一次盛大的晚宴。为了避开记者和美、台人员的耳目，宴会地点选在郊外一处偏僻的地方风味餐厅。巴外交部总司长以上的官员全部出席，教育部长和农业部长也出席作陪。晚宴气氛友好、诚挚、热烈。卡尔德隆女士对我说，"我们选择了一个宁静的环境来欢宴大使阁下，但这并不妨碍我们之间真诚热烈的友情。"

席间，卡姆外长发表了简短而热情友好的讲话，不少官员同我们好像"一见如故"，畅谈对新中国的好感和向往，以及他们对台湾方面的鄙视和对美国的不满，但也谈了不少政治和经济方面的困难。我也趁机向他们介绍了我国对外基本方针和政策，特别是在台湾问题上的立场。整个气氛十分融洽。

在外交上，宴会只是一种形式，其丰富的内涵和乐章要靠有心人去体味，去谱写，有时要认真地去听"弦外之音"，有时一些事的解决"心照不宣"，甚至"尽在不言中"。这次宴会给我们留下了深刻的印象：巴方强烈渴望两国关系正常化，但吃不准我方究竟能付出多大的代价。

宴会之后，我们又去拜访了一些知名的爱国华侨。他们听说我来到巴拿马并负有特殊的使命，很是兴奋，纷纷向我们介绍巴政府的困境以及宋长志如何焦躁不安，说宋把原已订好的为200华人青年举行的大型晚宴都取消了。希望我们能抓住机会，争取两国关系正常化，为在巴拿马的近10万华人造福。

回到住处已是午夜。我们四个人一起回味和分析了一天的活动，并为第二天的会谈做了认真的准备。因为进展比较顺利，大家心情十分舒畅。谈起郊外那静静的一隅，与我们同行的一位年轻秘书情不自禁地轻轻哼起了一首古老的俄罗斯民歌《莫斯科郊外的晚上》。不过她把词改成了："深夜花园里四处静悄悄，只有宴会在进行着，气氛多么好，令人心感动，巴拿马郊外的晚上。"

同卡姆外长第二次会谈一开始，我就开门见山，表示我方完全理解巴方的处境，并真心诚意地愿意伸出友谊之手，但是没有外交关系，或只有"半外交"关系，局限性是很大的，强调希望巴方领导人能不失时机地做出明智的"政治决断"。至于巴方的实际困难，我已充分考虑过。中巴建交后，我将做努力，使巴拿马不致因同"台湾当局""断交"而蒙受经济损失；同时，我对巴同台保持纯属民间性质的经贸往来不持异议，也不反对台及其公司在巴投资；巴拿马的香蕉、白糖不是我们当前需要进口的商品，我国对非建交国也不搞政策性进口，但建交后我国政府会根据需要和可能积极考虑如何帮助巴拿马解决这一困难。卡姆外长听到这里笑逐颜开，连声说"这就好办了"，他马上要向总统和诺列加将军报告。

第三天我就会见了巴总统和诺列加将军，与总统的会见是礼节性的，他表示听说会谈顺利很高兴。诺列加同我热烈握手，并明确肯定其外长同我的会谈，表示赞同两国关系"一步走"。诺在当时被称为是"强人"，但给我的印象并无将军的威武风度，说话有点腼腆，可态度明朗、坚决。我根据国内指示，首先转达了对他的问候，明确谴责美国干涉巴内政的粗暴行径，特别是插手"10·3"（10月3日）未遂兵变。我还送给诺列加一对中国著名的景泰蓝花瓶，而且开玩笑地说，中国景泰蓝不仅精致、美观大方，而且十分坚韧，象征着一种人的性格。诺会心地笑了。他同我会见后，还领我观看了"10·3"兵变在他办公室墙壁上留下的累累弹痕，说绝不能让这种事重演。

后来我又同卡姆外长举行了一次单独会谈，大体商定了他应钱外长邀请访华的日期以及准备签署的几个文件，其中建交公报等文件由我方起草，经济技术合作协定由巴方起草。大事解决后，我们轻松愉快地游览了巴拿马市容，参观了美国人控制的巴拿马运河区，拜谒了托里霍斯将军墓，还到科隆自由区看望了中国巴拿马贸易中心，一周后回到圣菲波哥大。

不幸的是，正当我准备回国参与接待卡姆外长的前几天，12月20日凌晨，美国直接出兵入侵巴拿马，推翻了诺列加政府，建立了新政权。当我凌晨从电视新闻中看到这一消息时，我极度伤心和愤慨，感到"功"败垂成，结果实际上还是美国帮了台湾当局的忙，使中巴建交进程在关键时刻不得不再一次中断。没有想到，曾经被视为敢于抗美的诺列加不久便成了美国的阶下囚。当时我几乎要仰天长叹：悲哉，诺列加！

诺列加的一页已成过去。我不想对他作"人物评价"，他的功过自有世人评说。但我在巴拿马的七天经历和使命至今仍历历在目，令我终生难忘。中巴关系虽几经风霜，但两国人民的友谊是割不断的。两国关系的正常化也是迟早要实现的。

（1993 年 2 月）

你们百年后一定会上天堂

　　1985—1988年，我在尼日利亚当大使。那是我第一次担此重任，初出茅庐。上任之前，便听说疟疾是这个国家的"第一杀手"，大使馆很多同志也深受其害，外交部领导要我多多关心此事，有关方面也托我带了很多药品，其中之一就是中医药新产品"青蒿素"。

　　非洲疟疾猖獗，每年得病人数上千万次，死亡人数近百万。一亿多人口的尼日利亚患疟疾和因此而死亡的人数也相当大，包括很多天真活泼的儿童。有一种毒性最大的疟疾，可以在48小时之内，置人于死地。大使馆有一位女同志得了重病，在医院接受了外科手术，康复回馆后，第三天准备送点小礼品感谢那位为她做手术的好医生。不料医院告诉她，那位医生因得恶性疟疾已于日前去世了。闻此噩耗，大使馆同志无不十分伤感，那位女同志更是声泪俱下。

　　青蒿素是我国发明和独有的治疟疾有效针剂。为了帮助尼日利亚人民从疟疾的死亡威胁中解脱出来，我以大使身份向尼日利亚卫生部门进行了深入的介绍，并争取到联合国儿童基金会组织的帮助和配合，从中国请来一个精通青蒿素的三人专家小组。在向他们介绍情况时，我强调指出，如果你们搞成功了，你们将把数十万尼日利亚人从疟疾威胁的死亡线上拯救出来，"你们百年后一定会上天堂"。这后一句话看似玩笑，实是突出他们承担着援助非洲的神圣使命。他们充满信心，都会心地笑了。

经尼日利亚卫生部和大使馆共同安排，中国三人小组同尼日利亚的医务人员一起，配上使馆一名青年外交官兼翻译，在一个疟疾多发地区，非常艰苦地日夜工作，进行了两个多月的临床实验，用青蒿素和西药奎宁同时分别对甲乙两组共六十人进行治疗，对比疗效。最后，共同写出了一份报告，证明我国青蒿素的疗效在任何方面都优于奎宁，而且副作用极小。

这是中国青蒿素进入尼日利亚和整个非洲的一次极好机会。遗憾的是，我离任后听说，由于西方某些既得利益集团的阻挠和破坏，也由于我国当时缺乏市场准入和营运的经验，这件事暂时搁浅了。1991年，我国国家中医药管理局某位领导打电话告诉我，我国这么好的青蒿素现在却成了"嫁不出去的老姑娘"。我听了真是有点伤心，但仍然深信，"好姑娘"不愁嫁，好心人定有好报，我们终有一天会成功的。

近日欣闻，以肯尼亚小女孩命名的中国最新青蒿素"科泰新"已经广泛进入非洲，走俏肯尼亚和尼日利亚等很多国家。刚从非洲回来的中国华立集团董事局主席汪力成说，为了援助非洲，该集团要不断降低药价，把中国青蒿素这棵"摇钱树"变成把非洲老百姓从疟疾死亡线上拯救出来的"救命草"。我想，这是中国企业对中非论坛北京峰会的一份珍贵礼物，汪先生和他的同人，以及当年的那三位医生，"百年后一定会上天堂"。

（2004 年）

第三部分

人生感悟

微信微博语录

1. 今天我家的昙花终于开了！虽然只有一朵，但也可谓"一枝独秀"。我家阿姨说，总算还有点"良心"，这一年我们给她喝了多少啤酒啊！岂不知此花十几年前一次开了 24 朵，我们满楼皆香。现在她老了，太累了，开一朵就难能可贵了。

（2015 年 8 月 25 日）

2. 在研究国际形势与中国外交的实践过程中，我常说："千万莫被忽悠了。"在人际交往中，人们最容易被谁忽悠？一般来说，不是对手，而是所谓的"朋友"，甚至亲人。有人说，"恋爱中的女人是最愚蠢的"（我并不苟同），其实，"恋爱中的男人何尝不是最愚蠢的"？

（2015 年 8 月 26 日）

3. 这几天不断看与抗日战争有关的电视剧和听抗战歌曲，很是亲切。那个年代我还很小，但《松花江上》《大刀进行曲》和《游击队之歌》已进入了我幼小的心灵。至今，我虽"五音不全"，但仍情不自禁地要跟着哼哼。我女儿四五岁时就会唱了。当时，国民政府四川军人确实拿着大刀在马鞍山一带与日本侵略军做殊死斗争。

（2015 年 9 月 4 日）

4. 李银河说得好：人生苦短，应该以秒为分，以分为小时，以一当十地对待自己的生活，珍惜自己的生命。我说，要一天做两天的事。其意相同。衰老不可避免，尤其 60—70 岁后更是加快。我们就是要与之"拼搏"，尽量延缓衰老加快的速度，包括记忆力、听力和视力。多做点事有好处，更阳光；行善更佳。

（2015 年 9 月 8 日）

5. 昙花一现！昨晚，我家三朵昙花盛开，香气四溢，生气勃勃，靓丽秀气。我深知留不住，睡前又去同她们"告别"。今晨，她们已凋谢。呜呼哀哉，壮哉！明年，她们还会回来的。年复一年，要一直持续下去。

（2015 年 9 月 24 日）

6. 什么是你最好的时光？我好像从来没想过这个问题。我一直觉得过得很好，即使在农村养猪时，我克服困难，养肥了猪，也感到是很好的时光。现在退休了，可以像打桥牌一样写微博和微信，"指点江山"，多好的时光！我也有过最悲伤的时光，那就是我妻子陈依弥不幸突然去世，我昏迷了几天，吃了半年安眠药……

（2015 年 10 月 3 日）

7. 给美国提个醒：好好看世界，何必苦争春？！

（2015 年 11 月 3 日）

8. 中非合作论坛北京峰会礼宾小故事：我作为礼宾大使迎接非洲某总统从机舱并肩步出后，该国女大使随后紧跟，似有事要汇报。在贵宾室，按礼节我与总统坐主位交谈，其他人依次坐两排。我看出大使似很焦急，便"打破常规"，主动请大使与我交换位子。她十分感谢。我觉得虽违规，但做了好事，也因此赢得了赞赏。

（2015 年 12 月 3 日）

9. 我喜欢《环球时报》这样的见解：中国必须发展民主，民主已经写进社会主义核心价值观……但有一个重大原则是，中国的民主不能从外"山寨"，而必须通过自己的实践不断实现它的制度化构建。中国需要的是"有自主知识产权"的民主。中国明确支持非洲国家按照自己的方式解决非洲问题，很自然，顺理成章。

（2015 年 12 月 4 日）

10. 今天看了一篇文章《洗碗效应》，引起一些家事联想。我笨手笨脚，经常打碎茶杯或饭碗。老伴第一反应总是：没划破手吧？！我听了很高兴。我常常听到某些人家一听到打碎东西，第一反应就是：怎么这么不小心，又打碎一个杯子！别看这是"小事"，但很说明问题：她或他首先关心的是什么。"爱"在何方？！

（2015 年 12 月 4 日）

11."可怜无定河边骨，犹是春闺梦里人。"昨天看中央电视台文化之旅节目，主讲人谈到《诗经》关于战争与和平以及爱情等方面的寓意，我深受启发。我在担任大使期间，往往有朋友问起中国文化传承与热爱和平、反对战争的关系。我经常引用这句诗说明我的感受。

（2015 年 12 月 16 日）

12.电视剧《昙花梦》中，一位法师对求签时的警察总长女儿说："求人不如求佛，求佛不如求己，因果都是自己种下的。"此话发人深思。我并不信佛，但觉得佛经里有很多教人为善的经典语言。

（2016 年 1 月 9 日）

13.眼泪与微笑：凤凰网昨晚一位专家在谈到股市行情时说：启蒙大于救亡。我认为，他说得有道理。我有一个从事金融方面的网友近日感慨万分地说："今天的股票大盘都是眼泪！"我安慰她说："我想，要不了多久，会有微笑的（外行第六感观）。"我觉得，炒股票也有点像研究国际形势，必须懂行，有风险意识，有定力，不被忽悠。

（2016 年 1 月 15 日）

14.春寒料峭，怎挡得住春色来临？！院里的玉兰花已迫不及待酝酿花苞了。树梢上的绿色也隐隐欲现。春天，她是属于青年的，也是属于我们老年的。我们老骥伏枥，永远拥抱春天。我也再次深深受到启发：要乐观看待事物，掌握规律，观察国际形势也要有定力。

（2016年2月7日）

15. 今日破五，据说，"破五"是要把同财神一起混进来的"瘟神"赶出家门。我自然联想起我国周边形势。朋友虽多，但"瘟神"也一直在徘徊游荡。有域内的，也有域外的。你要"春暖花开"，它总要制造"冰天雪地"。我们必须像"破五"一样，把它们扫地出门。这当然不易，但迟早一定要做到，也一定能做到。

（2016年2月12日）

16. 看电影有感而发："保持清醒"，可以看清自己（是什么人，是什么水平，是什么状况，以及是什么处境），从而才能有"自知之明"，知己知彼，懂得该做什么，不该做什么，该争取什么、放弃什么，不致昏昏然、盲目冲动、不知天高地厚，或消极、被动、无所作为……

（2016年3月16日）

17. 老人也要有自知之明。现在媒体经常宣传"陪伴是最好的孝顺"。这是积极的，但我们老人也应该明白，现在儿女们一般都有两个家的父母，还有自己的孩子，朋友……忙不过来啊！因此，需要多点体谅。常回家看看，很好；偶尔回来看看，也好；有事不能常回来，也不要责怪，最好多一点父母的关爱和照顾。

（2016年6月7日）

18. 心追随着光明走，脸自然朝向太阳笑，影子就永远被甩在身后。

（2016年8月7日）

19. "戒懒"（对老朋友网友的节日祝福）！人到一定的年龄，衰老不可避免，而且是"加速度"发展，行动也越来越不方便，懒得动了，事事都想要亲人代办。结果是：越老越懒，越懒越老，恶性循环。我们必须要它"减速度"，能自己做的，勉强一点，也要克服困难，"自行其是"。效果很好。"戒懒"二字为节日献礼。

（2016年10月1日）

20. 人，不服老不行；太服老或者太强调服老也不好。在一般情况下，既要"量力而行"，也要"尽力而行"。所谓"老骥伏枥"，是中国历史文化传统。我们外事系统一些老同志，为适应新媒体的需求和发展，去年3月就非正式组成了一个"老骥伏枥"微信群，目前运作还算可以。我们是自由撰稿人，"尽力而为"。

（2016年12月8日）

21. 两个"新名词"算是我的"鸡年"献礼吧：（1）"长命百岁+"；（2）"愤老"，这是客观存在的，是相对于"愤青"而言的。青年人有些牢骚，容易理解，有些真还有些道理，而且，他们的看法随着社会实践，大多会改变或调整。"愤老"就不一样了，他们的某些看法似已成型，改变，难啊！但反思仍然必要。

（2017年1月27日）

22. 有人问，当你老了，你一生最后悔什么？我好像没有什么好后悔的。如果从反思经历、吸取教训，以利继续奋斗角度考虑，无妨"后悔"一些事。否则，世上哪有什么"后悔药"？！我年轻时幻想做诗人，后来抗美援朝到了外交部，就"改行了"。有些事是不以人们主观意志为转移的。随遇而安而战吧。

（2017 年 1 月 29 日）

23.《淡之美》的启示。昨日读了一篇《淡之美》短文，我第一反应是"君子之交淡如水"，以及"水墨画""漫画"和"三毛流浪记"。我现在写的国际漫笔和微评，力图犀利，一是要抓住要害、矛盾的主要方面和可能被掩盖的另一种倾向；二是要有针对性，力避简单问题复杂化，说人们被搞得"一头雾水"的问题；三是要带点讽刺意味。

（2017 年 1 月 30 日）

24 李商隐说"夕阳无限好，只是近黄昏"，至今脍炙人口；朱自清说"但得夕阳无限好，何须惆怅近黄昏"，思想境界更高了。这些都是千古流传的佳句。我不敢与诗圣们媲美，但时代不同了，我们的思想境界理应更高一筹。我青年时期即梦想做诗人，没成功，但愿此句小诗在一定程度上能反映我们现代人的思想境界：幸得夕阳无限好，更喜朝霞向天歌。

（2017 年 2 月 11 日）

25. 我最喜欢的两首诗词：一是"山重水复疑无路，柳暗花明又一村"，它一直鼓励着我乐观，坚持正确的前进方向。二是"俏也不争春，只把春来报。待到山花烂漫时，它在丛中笑"。这对我研究、分析国际形势与中国外交很有帮助。中国不喜欢一枝独秀，主张春色满园。

（2017年2月14日）

26. 儿时，妈妈教我的诗词，我一直铭记在心："锄禾日当午，汗滴禾下土，谁知盘中餐，粒粒皆辛苦。""匙饭百鞭，当思来去不易。""本是同根生，相煎何太急。""朱门酒肉臭，路有冻死骨"，以及"狼来了"和"孔融让梨"的故事。

今天清明节，我不知妈妈的骨灰何在，仅以此表达我的思念之情。

（2017年4月4日）

27. 偷鸡有理吗？看电视剧《人民的名义》，有人同情祁同伟，认为他出身贫穷，要"翻身"，贪污腐败"很自然"。我不禁想起当年新闻司一青年同志在东单菜市场偷鸡事件。他振振有词地说："我老婆生孩子，你们有钱可以买鸡，我没钱，所以就偷了！"歪理何其相似！

（2017年4月25日）

28. 劳动节寄语：积一生经验，我深感"勤奋可以弥补智商和知识的不足"。我这个人并不笨，但谈不上智商高，已学的知识，很难适应时代步伐和工作需要。靠什么来"与时俱进"？关键就是两个字：勤奋！而且顽强坚持。我从"网盲"到走近新媒体，靠的就是这种精神。此所谓劳动创造世界，改变世界，也造就新人也。

（2017 年 5 月 1 日）

29. 今天，"五四"前一天，我在外交部和谐雅园与青年座谈。我的开场白是我用一生经历书写的一首诗：

不知不觉八十五，

俯首横眉适时流。

幸得夕阳无限好，

更喜朝霞向天歌。

（注：我现在已 88+了）

（2017 年 5 月 3 日）

图书在版编目(CIP)数据

锐评·微言：一位大使的微信微博集萃/ 王嵎生著. —北京：世界知识出版社，2018.7
ISBN 978-7-5012-5780-5

Ⅰ.①锐… Ⅱ.①王… Ⅲ.①时事评论—中国—文集
Ⅳ.①D609.9-53

中国版本图书馆CIP数据核字(2018)第163394号

责任编辑	张迎辉
责任校对	张 琨
责任出版	王勇刚

| 书　　名 | 锐评·微言：一位大使的微信微博集萃 |
| | Ruiping·Weiyan： Yiwei Dashi de Weixin Weibo Jicui |

作　　者	王嵎生
出版发行	世界知识出版社
地址邮编	北京市东城区干面胡同51号（100010）
电　　话	010-65265923（发行） 010-85119023（邮购）
	010-85118128（编辑）
网　　址	www.ishizhi.cn
印　　刷	北京虎彩文化传播有限公司
经　　销	新华书店
开本印张	880×1230毫米 1/32 4½印张
字　　数	97千字
版次印次	2018年8月第一版 2018年8月第一次印刷
标准书号	ISBN 978-7-5012-5780-5
定　　价	28.00元